Marco Lehnhardt

Welche Chancen bringt die Crowd-Logistik?

Anwendungsmöglichkeiten und Potentiale für die Zukunft

Bibliografische Information der Deutschen Nationalbibliothek:

Die Deutsche Nationalbibliothek verzeichnet diese Publikation in der Deutschen Nationalbibliografie; detaillierte bibliografische Daten sind im Internet über http://dnb.d-nb.de abrufbar.

Impressum:

Copyright © Studylab 2021

Ein Imprint der GRIN Publishing GmbH, München

Druck und Bindung: Books on Demand GmbH, Norderstedt, Germany

Coverbild: GRIN Publishing GmbH | Freepik.com | Flaticon.com | ei8htz

Inhaltsverzeichnis

Abbildungsverzeichnis IV

Abkürzungsverzeichnis V

1. Einleitung 1
   1.1 Problemstellung 1
   1.2 Aufbau und Zielsetzung 2

2. Theoretische Grundlagen der klassischen Logistik und der Crowd-Logistik 4
   2.1 Klassische Logistik und Transportnetze 4
   2.2 Crowd-Logistik 23

3. Herausforderungen zur Umsetzung der Crowd-Logistik 29
   3.1 Schaffung der Rahmenbedingungen 29
   3.2 Schaffung einer IT-gestützten Infrastruktur zur Sicherstellung der Geschäftsabwicklung 32
   3.3 Crowd-Logistik als Alternative für die City-Logistik 33
   3.4 Akzeptanz für Crowd-Logistiklösungen 35

4. Zukunftschancen und Potentiale 44
   4.1 Nachhaltigkeit und Arbeitsbedingungen 44
   4.2 Lieferzeiten & Kosten 46
   4.3 Schaffung von Arbeitsplätzen 47

5. Diskussion 49
   5.1 Optimierung der Logistikleistung durch Nutzung der Crowd-Logistik ... 49
   5.2 Ausgangspunkt der Crowd-Logistik 51
   5.3 Bedeutung der Forschung für die Praxis 55

6. Fazit und Ausblick 58

Literaturverzeichnis 63

Abbildungsverzeichnis

Abbildung 1: Umsatz der Logistikbranche in Deutschland von 1995 bis 2019 1

Abbildung 2: Produkte, Merkmale und Segmente des KEP-Marktes 5

Abbildung 3: Die drei logistischen Phasen 7

Abbildung 4: Direktverkehrsnetz und Single-Hub-and-Spoke-Netz 8

Abbildung 5: Regionalhubstruktur 9

Abbildung 6: Kriterien bei der Auswahl eines Online-Shops 11

Abbildung 7: Lieferkriterien bei der Wahl des Onlineverkäufers 12

Abbildung 8: Sendungen von Kurier,- Express und Paketlieferungen (KEP) in Deutschland 13

Abbildung 9: Städtische Logistik 20

Abbildung 10: Micro-Hub Konzept 22

Abbildung 11: Von Kunden gewünschte Serviceleistungen von CL-Anbietern 31

Abbildung 12: Konzeption einer CL-Infrastruktur 32

Abbildung 13: Bereitschaft der Befragten als Warenkuriere zu fungieren 35

Abbildung 14: Mitbringbereitschaft und vorherige Kenntnisse des Crowd Delivery-Konzepts 36

Abbildung 15: Räumliche Ausprägung von Nachbarschaft 37

Abbildung 16: Möglichkeiten der Incentivierung 38

Abbildung 17: Geforderte Entlohnung bei drei Szenarien 39

Abbildung 18: Hemmnis- und Begünstigungsfaktoren für die Teilnahme an der Liefer-Crowd 40

Abbildung 19: Häufigkeit der Fahrradnutzung 42

Abkürzungsverzeichnis

B2B	Business-to-Business
B2C	Business-to-Consumer
BIEK	Bundesverband Paket und Expresslogistik
C2C	Consumer-to-Consumer
CL	Crowd-Logistik
KEP-Dienste	Kurier, Express und Paketdienste

1. Einleitung

1.1 Problemstellung

Die Logistikbranche erweist sich als stetig wachsender Wirtschaftsbereich. Dies zeigt die nachfolgende Statistik der Umsatzentwicklung der Logistikbranche in Deutschland von 1995 bis 2019.

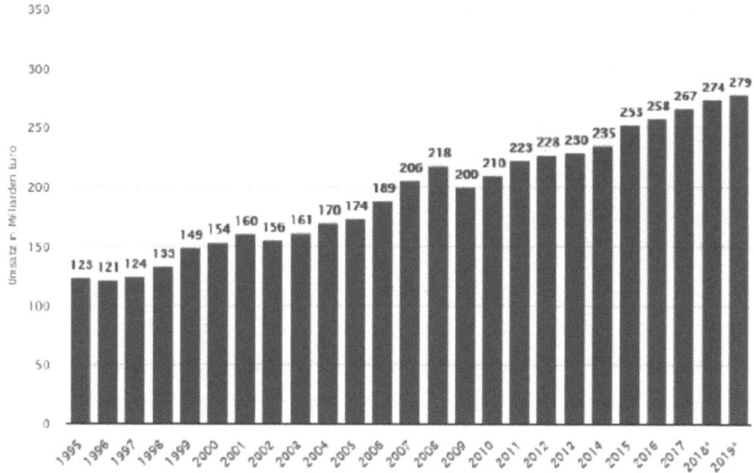

Abbildung 1: Umsatz der Logistikbranche in Deutschland von 1995 bis 2019
Quelle: Fraunhofer SCS / Bundesvereinigung Logistik in Statista,
https://de.statista.com/statistik/daten/studie/166970/umfrage/umsatz-der-logistikbranche-in-deutschland/

Die Umsätze haben sich seit 1995 von 123 Milliarden Euro auf über 279 Milliarden Euro im Jahr 2019 gesteigert.

Mit diesem Wachstum gehen auch verkehrspolitische sowie ökologische Probleme bei der heutigen Zustellung einher, welche die Akteure zum Umdenken und Handeln auffordern sollen.[1] Bei diesem Problem ist es außerdem nötig auf die

---

[1] Vgl. Rahn, Klaus-Peter: Crowd Logistics, in: Intralogistik-radar.de, 08.2018, [online] https://www.intralogistik-radar.de/themen/crowd-logistics/ [01.03.2020].

letzte Meile einzugehen, da diese mehr als 50 % der gesamten Kosten für den Transport betragen und somit den größten Kostenfaktor bildet.2

Zudem bieten auch immer mehr Händler eigene Lieferservices an und deshalb haben immer mehr Akteure mit dem Problem der letzten Meile zu kämpfen. Hier lässt sich Amazon mit Amazon-Flex als Paradebeispiel anführen. Es kommen kollaborative Systeme ins Spiel. Es bilden sich lokale Marktplätze, welche durch spezielle IT-Lösungen unterstützt werden können. Dadurch könnten einfache Privatleute mit in den Zustellprozess integriert werden. So könnten ökologische Probleme wie auch das Problem der erschwerten Personalbeschaffung begrenzt werden.

Bereits im Personenverkehr hat sich der Anbieter Uber das Konzept der Crowd zunutze gemacht und stellt eine Vermittlungsplattform für Fahrgäste und Fahrer bereit. Auch das Unternehmen Airbnb nutzt dieses Konzept für die Vermittlung von Unterkünften.

Selbst wenn die Crowd Konzepte branchenübergreifend bereits Erfolge erleben, kann das nicht für die Logistik pauschalisiert werden. Die Akzeptanz der Kunden und das Vertrauen in das System müssen vorhanden sein, um eine erfolgreiche Integration der Crowd-Logistik (CL) anstreben zu können. Zudem müssen Anreize vorhanden sein bzw. geboten werden, um Teilnahmen im System zu verzeichnen.

1.2 Aufbau und Zielsetzung

Untersucht werden die Unterschiede zwischen klassischen Logistikansätzen und der CL. Dabei werden die Beweggründe des Megatrends untersucht, welche Einflüsse auf die Entwicklung haben könnten. Da sich die CL von den klassischen Ansätzen unterscheidet, gilt es zudem Herausforderungen zur Implementierung zu bewältigen. Auch Unterschiede innerhalb des Leistungsangebots von klassischen Logistikdienstleistern und der CL müssen analysiert werden. Durch die erfolgreiche Integration könnten sich Chancen für die Zukunft ergeben, welche die Problempunkte, die durch die klassische Logistik teilweise verursacht wurden, positiv beeinflussen könnten. Hierzu zählt auch die Erreichung von Klimazielen, da die Logistikbranche stetig wächst und hierdurch auch erhöhtes Verkehrsaufkommen produziert wird. Neben den Vorteilen gilt es auch

---

[2] Vgl. Borgfeld, Wolfgang: Logistik: Verliert die letzte Meile ihren Schrecken?, in: etailment.de, 20.11.2019, [online] https://etailment.de/news/stories/logistik-drohnen-roboter-22685 [01.03.2020].

Kritikpunkte der CL aufzuzeigen und mögliche Konsequenzen hieraus abzuleiten. Im 5. Abschnitt der Arbeit werden herausgearbeitete Erkenntnisse vom Autor kritisch diskutiert, was einem wichtigen Teil dieser Arbeit entspricht. Dabei werden auch Literaturverweise miteinander verglichen, um Widersprüche innerhalb dieser zu analysieren.

Ziel der Arbeit ist es, zu beantworten, inwieweit CL Ansätze in der heutigen Logistik angewendet werden können und welche Chancen sich dadurch ergeben könnten. Dabei ist auch zu differenzieren, welche Akteure dieses System einbinden und nutzen können. Akteure hierfür können Kurier, Express und Paketdienste (KEP-Dienste), neue Start-ups oder auch Unternehmer sein. Um diese Frage zu beantworten, muss zudem festgehalten werden, auf welchem Stand die CL heute ist, um weitere Rückschlüsse treffen zu können.

Die Methodik zur Beantwortung der Forschungsfrage beruht auf Literaturrecherche. Dabei verwendet der Autor in dieser Forschungsarbeit unter anderem folgende Schlagwörter: City-Logistik, Crowd-Logistik, Crowd-Shipping, Crowd Delivery, Crowdsourced Delivery, grüne Logistik, KEP-Dienste, klassische Logistik, letzte Meile.

Diese Forschungsarbeit bezieht sich für die Bearbeitung des Themas und der Beantwortung der Forschungsfrage auf 41 Literaturen. Bei der Wahl der Literatur wurde im Rahmen der Forschungsarbeit neben der einschlägigen Fachliteratur und Sammelbänden auf Fachzeitschriften, relevante Internetartikel und aktuelle Studien gesetzt. Die Aktualität der Studien ist für die Relevanz der Forschung essenziell, da dieses Gedankengut für die Beantwortung der Forschungsfragen wichtig ist.

2. Theoretische Grundlagen der klassischen Logistik und der Crowd-Logistik

Im 2. Abschnitt dieser Arbeit werden die Grundlagen für das Thema der klassischen und der Crowd-Logistik aufgezeigt. Dabei soll das allgemeine Verständnis dieser zwei Themen gegeben werden, welche für die Heranführung des 3. Abschnitts notwendig sind. Dabei spielt die Bewältigung der letzten Meile eine signifikante Rolle, da diese immer den letzten Prozess der Sendungszustellungen ausmacht. Die CL ist zudem noch ein junges Themengebiet, weshalb die Darlegung des aktuellen Standes von Nöten ist.

2.1 Klassische Logistik und Transportnetze

Der Begriff der Logistik wurde ursprünglich im Militärwesen geprägt. Zentrum dessen waren die Beantwortung der Fragen der Nachschubgestaltungen sowie der Truppenbewegungen.[3]

Die Begriffserklärung hat sich verändert. Logistik wird heute als Planung, Gestaltung, Abwicklung und die Kontrolle des gesamten Material- und Informationsflusses zwischen Unternehmen und Lieferanten, innerhalb der Unternehmen sowie zwischen Unternehmen und dessen Kunden verstanden.[4]

Bei der Untersuchung der klassischen Logistik bezieht sich der Autor im Rahmen dieser Forschungsarbeit größtenteils auf die Branche der KEP-Dienste. Hier konzentriert man sich auf die Einhaltung spezieller Kriterien in Bezug auf Volumen und Gewicht (bis 31,5 kg).[5] Diese zu befördernde Güterart lässt sich als KEP-Gut bezeichnen.[6]

Die Abbildung 2 verdeutlicht die Branche der KEP-Dienste und teilt diese in drei Segmente ein.

---

[3] Vgl. Krulis-Randa, Jan S.: Marketing-Logistik, Bern, Schweiz: Haupt, 1977, S. 1.
[4] Vgl. Schulte, Christof: Logistik: Wege zur Optimierung der Supply Chain, 6. Aufl., München, Deutschland: Vahlen, 2013, S. 1.
[5] Vgl. ebd., S. 191.
[6] Vgl. ebd., S. 191.

Theoretische Grundlagen der klassischen Logistik und der Crowd-Logistik

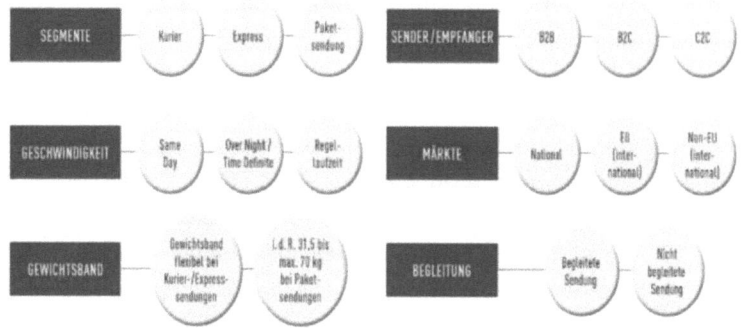

Abbildung 2: Produkte, Merkmale und Segmente des KEP-Marktes
Quelle: Bundesverband Paket und Expresslogistik, KEP-Studie, 2019, S. 9.

Das Angebot der Kurierdienste beschreibt hauptsächlich den Transport von Dokumenten und Kleinsendungen mit einem geringen Durchschnittsgewicht bis ungefähr 3 kg.[7] Kurierdienste lassen sich in die regionalen, nationalen sowie internationalen Kurierdienste einteilen. Regionale Kurierdienste befördern Sendungen mit Hilfe von Fahrrädern oder PKWs i.d.R. direkt vom Absender zu den Empfängern. Nationale Kurierdienste hingegen sind bundesweit tätige Unternehmen mit Regionalniederlassungen oder auch Zusammenschlüsse von regionalen Kurierdiensten. Internationale Kurierdienste verfügen über weltweit eigene Niederlassungsnetze mit eigenem Fuhrpark und Flugzeugen. Durch den weltweiten Zugriff auf eigene Kapazitäten kann das Leistungsangebot jederzeit auf die Ansprüche der Versender angepasst werden. Der Hauptlauf wird über Hub-and-Spoke-Systeme abgewickelt. Dieses besteht aus einem zentralen Umschlagpunkt der sog. Nabe und den sternförmig auf den zulaufenden Punkt liegenden Strecken, welche man auch Speichen nennt. Güter werden an einer Speiche aufgenommen und dann an die anderen Speichen sowie das Hub verteilt. Gestützt wird dieses Prinzip durch Einsatzmöglichkeiten des Barcodes, um eine lückenlose informatorische Verfolgung der Güter zu ermöglichen.[8]

Die Geschwindigkeiten teilen sich in Same Day sowie Over Night / Time Definite und in die Regellaufzeit auf. Same Day Lieferungen lassen sich häufig mit den Kurierdiensten in Verbindung bringen.[9] Gemeint ist hiermit die Zustellung noch am

---

[7] Vgl. Schulte, 2013, S. 193.
[8] Vgl. ebd., S. 191.
[9] Vgl. Bundesverband Paket und Expresslogistik: KEP-Studie, 2019, [online] https://www.biek.de/download.html?getfile=2335, S. 9.

selben Tag der Bestellung.[10] Der Express-Markt ist durch Over Night / Time Definite Zustellungen gekennzeichnet. Hier werden verbindliche Zustellzeiten garantiert.[11] Paketsendungen unterliegen der Regellaufzeit. Dabei werden keine Zustellzeiten garantiert, allerdings erfolgen nationale Sendungen zumeist am folgenden Werktag. Prozesse sind bei Paket-Dienstleistern vereinheitlicht und verfügen über einen hohen Automatisierungsgrad.[12] Die Empfänger der Sendungen können bei den meisten Paket-Dienstleistern über deren Track-and-Trace Systeme mithilfe der Eingabe der Sendungsnummer den Status der Sendung abfragen. Dabei wird nicht nur der aktuelle Status abgerufen, sondern auch alle bereits durchlaufenen Prozesse. Dies ermöglicht den Dienstleistern eine umfassende Überwachung zur Qualitätserhaltung. Empfänger hingegen können damit einen ungefähren Zustellzeitpunkt antizipieren.

Endverbraucher wie auch Unternehmer nutzen die Angebote von KEP-Diensten. Dieses Angebot beinhaltet Leistungen für Business-to-Business (B2B), Business-to-Consumer (B2C) und Consumer-to-Consumer (C2C).[13] Unternehmer, welche über keinen eigenen Fuhrpark verfügen oder Kapazitätserweiterungen benötigen, können Geschäftspartner bei den KEP-Diensten werden, welche sich dann um die Zustellung der Sendungen kümmern. So können die Unternehmen weltweit Sendungen an die Kunden ausliefern. Hierbei belaufen sich die Märkte auf den nationalen, EU (international) und non-EU (internationalen) Markt als begleitete Sendungen und nicht begleitete Sendungen.[14]

Das Transportnetz der KEP-Dienste ist auf eine Vielzahl von Sendern und Empfängern ausgelegt. Diese umfassen dabei das Sammeln, Umschlagen, Sortieren und Verteilen als logistische Funktionen. Dabei bestehen die Transportnetze aus Knoten, welche als Quellen und Senken für die Transporte verwendet werden und die Verbindungen zwischen diesen Knoten. Start- und Endpunkte dieser Verteil- und Sammeltouren werden als Depot bezeichnet. In den Depots erfolgt eine Sortierung zu verschiedenen Versandzielen und es erfolgt eine Konsolidierung mehrerer sendungsschwachen Transportrelationen zu einer Transportrelation

---

[10] Vgl. Werner, Karsten: Same-Day-Delivery: Echter Mehrwertdienst oder bloß Marketing-Trick?, in: t3n Magazin, 20.08.2012, [online] https://t3n.de/news/same-day-delivery-echter-409462/ [04.03.2020].
[11] Vgl. Bundesverband Paket und Expresslogistik, 2019, S. 9.
[12] Vgl. ebd., S. 9.
[13] Vgl. ebd., S. 9.
[14] Vgl. ebd., S. 9.

zum Hub. Diese Hubs werden als zentrale Umschlagseinrichtung entlang des gesamten Transportnetzes genutzt. Bei dem Transport von Sendungen gibt es folgende drei logistische Phasen: Vorlauf, Hauptlauf und Nachlauf. Dies wird in der Abbildung 3 grafisch verdeutlicht.[15]

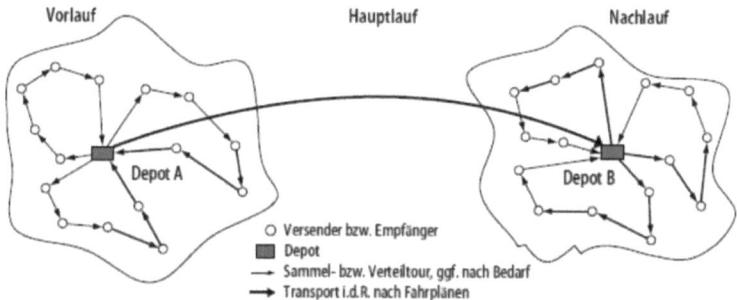

Abbildung 3: Die drei logistischen Phasen
Quelle: Cardeneo, Andreas: Kurier-, Express- und Paketdienste, in Kai Furmans / Horst Tempelmeier / Axel Kuhn / Heinz Isermann / Dieter Arnold (Hrsg.), Handbuch Logistik, 2008, S. 783.

Im Vorlauf werden hier in der Grafik die Sendungen von den Versendern zum Depot transportiert und gesammelt. Zudem werden regionsabhängig mehrere Sammeltouren im Vorlauf initiiert, welche das Sendungsaufkommen der Region in einem Depot vereinen. Danach wird im Depot die Sendungssortierung abgehandelt, welche für den Hauptlauf wichtig ist. Im Hauptlauf wird dann das Sendungsaufkommen in das jeweilige Depot der Zielregionen transportiert. Im letzten Schritt, dem Nachlauf, werden die vom Hauptlauf transportierten Sendungen an die Empfänger ausgeliefert. Bei den Transportnetzen gibt es zwei Netztopologien. Zum einen gibt es das bereits erwähnte Hub-and-Spoke-Netz und das Direktverkehrsnetz. Bei dem Direktverkehrsnetz verfügt jedes Depot über eine Transportrelation zu jedem anderen Depot. Diese Verbindungen unterliegen dem Direktverkehr. Das bedeutet, dass kein Wechsel des Verkehrsmittels stattfindet. Direktverkehre bezeichnet man als ungebrochene Verkehre und das Direktverkehrsnetz gehört zu den einstufigen Verkehrsnetzen. Daraus folgt, dass der Transport nicht durch einen Umschlag unterbrochen wird. Hier sind alle Depots die Quellen und Senken des Hauptlaufes. Dies bedeutet, dass in jedem

---

[15] Vgl. Cardeneo, Andreas: Kurier-, Express- und Paketdienste, in: Kai Furmans / Horst Tempelmeier / Axel Kuhn / Heinz Isermann / Dieter Arnold (Hrsg.), Handbuch Logistik, 3., Berlin Heidelberg, Deutschland: Springer-Verlag, 2008, S. 783.

Depot auch die Sortierung der Sendungen erfolgt. In einem Direktverkehrsnetz kommen somit für n Depots n(n-1) Transportrelationen zusammen.[16] Die Abbildung 4 geht dabei auf die Unterschiede dieser Transportnetzwerke ein.

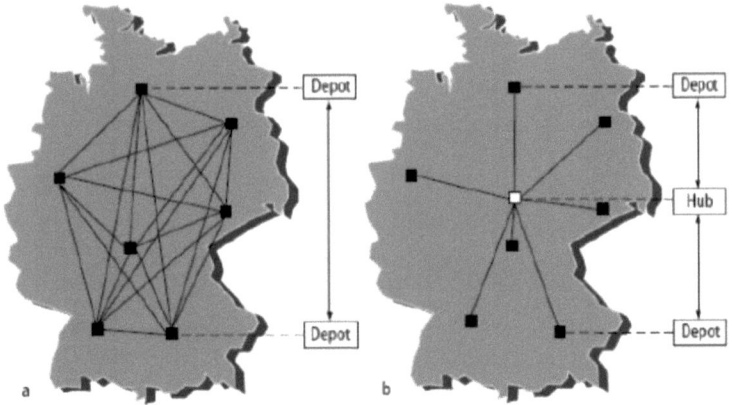

Abbildung 4: Direktverkehrsnetz und Single-Hub-and-Spoke-Netz Quelle: Cardeneo, Andreas: Kurier-, Express- und Paketdienste, in Kai Furmans / Horst Tempelmeier / Axel Kuhn / Heinz Isermann / Dieter Arnold (Hrsg.), Handbuch Logistik, 2008, S. 784.

Neben den Naben und Speichen existieren keine weiteren Verbindungen zwischen den Depots. Vom einem zum anderen Depot erfolgt daher der Umschlag am Hub. Im Gegensatz zum Direktverkehrsnetz, wird beim Hub-and-Spoke-Netz das Verkehrsmittel während des Transportes gewechselt. Aus diesem Grund handelt es sich um den gebrochenen Verkehr. Der Hauptlauf kann bspw. mit dem Zug oder dem Flugzeug überwunden werden und der Vor- und Nachlauf mit dem Lkw.

Darüber hinaus existieren Mischformen der bereits bekannten Netzwerktypen. Die Regionalhubstruktur besteht dabei aus mehreren Hubs, wie es in der folgenden Abbildung 5 verdeutlicht wird. Diese wird auch zweistufige Hubstruktur genannt. Hier bekommt jede Sendungsregion ein Hub worüber die Sendungen gesammelt und im Anschluss über Direktverkehre zwischen den Regionalhubs transportiert werden. Die Sendungen werden somit zweimal umgeschlagen.[17]

---

[16] Vgl. Cardeneo, 2008, S. 783.
[17] Vgl. ebd., S. 784.

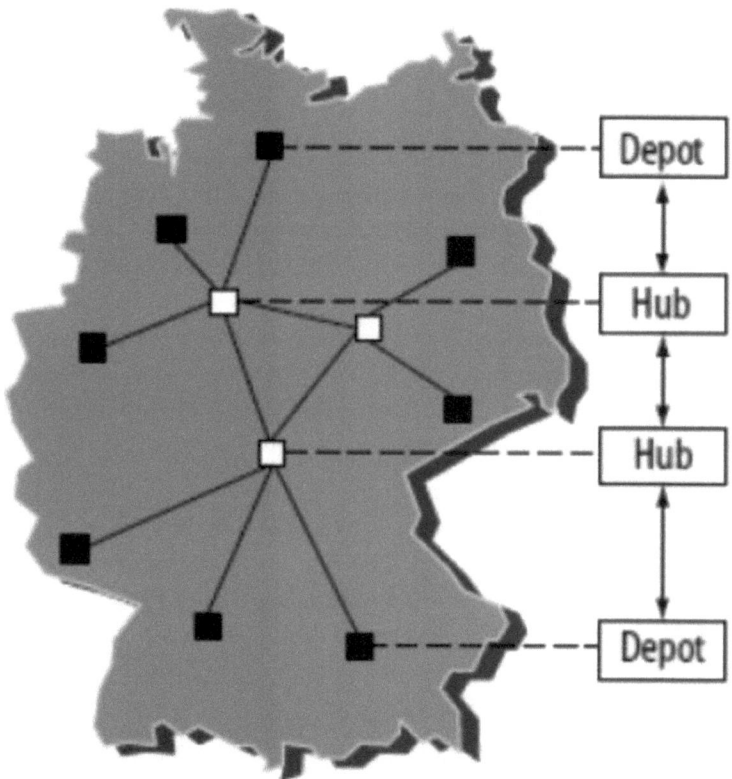

Abbildung 5: Regionalhubstruktur
Quelle: Cardeneo, Andreas: Kurier-, Express- und Paketdienste, in Kai Furmans / Horst Tempelmeier / Axel Kuhn / Heinz Isermann / Dieter Arnold (Hrsg.), Handbuch Logistik, 2008, S. 785.

Bei allen Segmenten stellt sich die letzte Meile im Nachlauf als die größte Herausforderung bei der Zustellung heraus. Diese ist nicht vermeidbar und bildet wie bereits geschildert die größte Kostenposition innerhalb des Zustellprozesses.

2.1.1 Definition und Herausforderungen der letzten Meile

Metzler versteht unter dem Begriff der letzten Meile den letzten Abschnitt der Distributionskette zum Empfangskunden, also die Auslieferung aus dem finalen Distributionszentrum. Dabei wird diese Art der Dienstleistung vorwiegend durch die KEP-Dienste abgewickelt.[18]

Laut dem Bundesverband Paket und Expresslogistik (BIEK) wurden bereits im Jahr 2016 3,16 Milliarden Pakete und Päckchen ausgeliefert und damit doppelt so viele wie im Jahr 2000. Zudem wird der Anteil des Onlinehandels bis 2030 um grob 25 % bis 30 % steigen. Durch derartige Steigerungen wird die Logistik stetig komplexer und aufwändiger. Nicht nur steigt die Anzahl der Sendungen, auch die Serviceleistungen wie bspw. Same Day Delivery erschweren zudem die Ausführung und Optimierung letzte Meile.[19] Der Grund für die Steigerung des Anteils des Onlinehandels ist, dass die Lieferung von Bestellungen bewusst in den Kaufprozess integriert wird.[20]

Die nachfolgende Abbildung 6 geht dabei auf die Auswahlkriterien bei Onlineshops ein. Die Erkenntnisse hier sind, dass alle Kriterien bzgl. des Versands große Entscheidungsfaktoren für die Auswahl eines Online-Shop sind. Dabei ist die Retourenabwicklung und der kostenlose Versand sowie die Auswahloptionen von Versanddienstleistern ein wichtiges Kriterium für die Konsumenten.[21]

---

[18] Vgl. Metzler, Ute: Anwendungsbereiche der Transportplanung, in: Uwe Clausen / Christiane Geiger (Hrsg.), Verkehrs- und Transportlogistik, 2. Aufl., Berlin, Deutschland: Springer Vieweg, 2013, S. 287.

[19] Vgl. Borgfeld, 2019.

[20] Vgl. Rumscheidt, Sabine: Die letzte Meile als Herausforderung für den Handel, in: ifo Schnelldienst, Jg. 72, Nr. 1, 2019, [online] https://www.ifo.de/DocDL/sd-2019-01-2019-01-10.pdf, S. 47.

[21] Vgl. ebd., S. 46f.

Kriterien bei der Auswahl eines Online-Shops

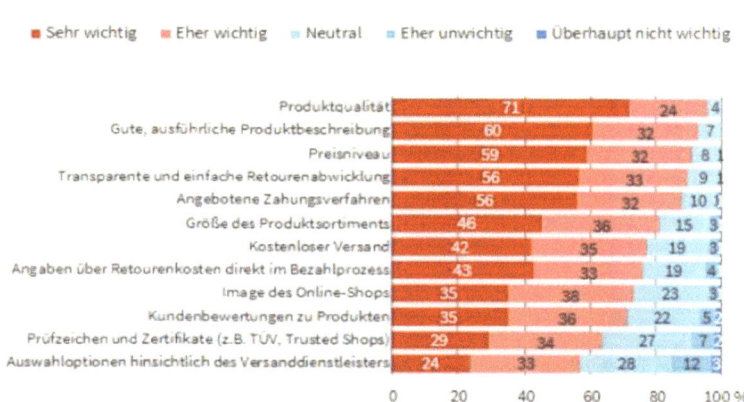

Abbildung 4: Kriterien bei der Auswahl eines Online-Shops

Abbildung 6: Kriterien bei der Auswahl eines Online-Shops
Quelle: ibi Research E-Commerce Leitfaden, 2017, zitiert nach Rumscheidt, Sabine: Die letzte Meile als Herausforderung für den Handel, in: ifo Schnelldienst, 2019, S. 46.

Daneben müssen die Onlinehändler weitere Kriterien bei dem Versand beachten. Eine versandkostenfreie Lieferung, sowie die Möglichkeit der Sendungsverfolgung sind bei mindestens 90% der Kunden laut Abbildung 7 wichtig. Die Schnelligkeit einer Zustellung und Optionen bzgl. des Zeitfensters oder der Lieferung mit dem bevorzugten Lieferservice sind unter anderen weitere wichtige Faktoren. Zusammenfassend lässt sich sagen, dass die Anforderungen an die Händler wie auch an die Lieferungen allgemein sehr hoch sind. Das Umweltbewusstsein der Kunden spielt dabei eine nicht unwesentliche Rolle bei der stetig wachsenden Anzahl an Paketlieferungen.

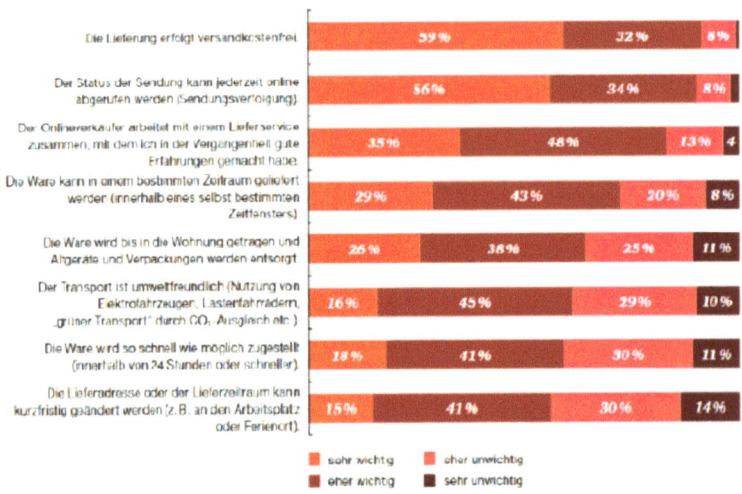

Abbildung 7: Lieferkriterien bei der Wahl des Onlineverkäufers
Quelle: PricewaterhouseCoopers, Aufbruch auf der letzten Meile, 2017, S. 9.

Durch das gestiegene und weiter ansteigende Sendungsaufkommen, welches durch den wachsenden Onlinehandel beeinflusst wird, nimmt die Komplexität der Stadtlogistik deutlich zu.[22]

Zahlen hierfür kann man aus Abbildung 8 entnehmen, welche der BIEK 2018 veröffentlicht hat. Im Jahr 2000 betrug das Sendungsvolumen noch 1,69 Milliarden Sendungen. Bis zum Jahr 2022 könnte die Anzahl auf 4,1 Milliarden Sendungen ansteigen. Durch das gesteigerte Sendungsvolumen steigt zusätzlich die Anzahl der Sendungsempfänger. Dies zwingt die beteiligten Akteure, neue Kooperationen einzugehen, um dieser Entwicklung, welche Umweltprobleme, Unfallrisiken, und Lärmbelästigungen mit sich bringt, entgegenzuwirken. Geschuldet sind diese Probleme auch der unzureichenden Infrastruktur.[23]

---

[22] Vgl. Rumscheidt, 2019, S. 47.
[23] Vgl. ebd., S. 47.

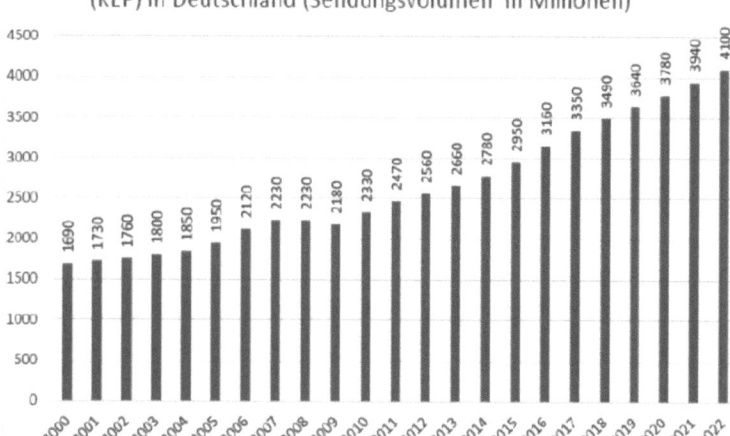

Abbildung 8: Sendungen von Kurier,- Express und Paketlieferungen (KEP) in Deutschland
Quelle: In Anlehnung an Bundesverband Paket und Expresslogistik, KEP-Studie, 2018, S. 13.

Durch das gestiegene Sendungsvolumen tritt somit auch die letzte Meile vermehrt auf.

Die letzte Meile ist deshalb teuer, weil die Vereinzelung der Sendungen an den Stopps eine geringe Produktivität pro Stopp und je Tour im Gegensatz zur Abholung und dem Hauptlauf aufweist. Auffällig wird die letzte Meile vor allem im Journalismus aufgrund der sozialen Kosten. Diese setzen sich aus der resultierenden Luftverschmutzung in Form von Treibhausgasen, wie z.B. CO_2 und Feinstaub zusammen. Aber auch die Lärmbelastung aufgrund der Motorengeräusche und Be- bzw. Entladevorgänge tragen zu den sozialen Kosten bei. Die Abnutzung der Infrastruktur stellt eine weitere Position dar. Durch die Fahrten werden steuerfinanzierte Straßen belastet und die Fußgängerzonen werden verstopft. Auch Stauprobleme verstärken die Belastung der Infrastruktur. Werden die sozialen Kosten nicht vom Verursacher selbst kompensiert, führt dies zu Regularien. Zu beobachten ist dies bereits in Deutschland mit der Einführung von Diesel-Fahrverboten und Umweltzonen.[24]

---

[24] Vgl. Brabänder, Christian: Die Letzte Meile: Definition, Prozess, Kostenrechnung und Gestaltungsfelder, Wiesbaden, Deutschland: Springer Gabler, 2020, S. 23-28.

Die Transportkosten der letzten Meile werden in Personal-, Betriebs- und Bereitschaftskosten unterteilt. Damit kostet eine typische Tour circa 275 €. Kleine Sendungen weisen im Gegensatz zu großen Sendungen eine verhältnismäßig teurere Kostenposition in der Zustellung auf. Auch die Tourenproduktivität kann man von der Dichte der Stopps abhängig machen. Stadttouren sind produktiver, da diese einen hohen Stoppfaktor und kleine Stopp-Stopp-Strecken besitzen. Um eine optimale Tour zu bilden, muss die Fahrzeugkapazität und auch der Personaleinsatz gleichzeitig gut genutzt werden, um weder Zeit noch Kapazitäten zu verschwenden.[25]

2.1.1.1 Strategische Entscheidungen

Die letzte Meile unterliegt den strategischen, taktischen und operativen Entscheidungen bei der Erbringung der Leistung. Bei den strategischen Entscheidungen befasst man sich mit der Servicequalität und den Kosten. Hierbei geht man von der Überlegung aus, eine geeignete Balance zwischen den beiden zu finden. Diese wird erreicht, wenn der Kunde diesen Service wahrnimmt und bereit ist dafür zu bezahlen. Auf der anderen Seite werden die Kosten dafür gering gehalten. Hier ist auch die strategische Fremdvergabe eine signifikante Entscheidung, wenn es um die letzte Meile geht. Prozesse wie Transport, Lagerhaltung, Umschlag, Versand, Verpackung und der Retourenprozess können fremdvergeben werden.[26] Durch die Fremdvergabe können einige Hersteller und Händler, vor allem im E-Commerce Bereich, die komplette Distribution auslagern, was zu geringeren Kosten führt. Das äußert sich auch darin, dass Händler und Hersteller kein Kapital in Logistikanlagen investieren müssen. Logistikdienstleister können durch die Annahme der Fremdvergaben ihre Kapazitäten besser auslasten. Auch können durch die Fremdvergaben Lohnkosten eingespart werden, da die Logistikbranche häufig niedrigere Löhne zahlen muss.[27]

Der Fremdvergabe gegenüber steht die Investitionsentscheidung. Hier konzentriert man sich selbst auf die Entscheidungsobjekte der letzten Meile. Diese umfassen die Flotte wie auch die IT und das Personal aber auch die Overhead-Prozesse wie die Rechnungsprüfung oder den Standort mit der jeweiligen

---

[25] Vgl. Brabänder, 2020, S. 45.
[26] Vgl. ebd., S. 47-51.
[27] Vgl. Bretzke, Wolf-Rüdiger, 1989, zitiert nach Brabänder, Christian: Die Letzte Meile: Definition, Prozess, Kostenrechnung und Gestaltungsfelder, Wiesbaden, Deutschland: Springer Gabler, 2020, S. 51.

technische Ausstattung. Der Faktor der Standortentscheidung beschreibt das Kostenminimierungsproblem, welches bei den Transport-, Lagerhaltungs-, Standort-, und Gebäudekosten besteht.[28]

Um ein Liefergebiet optimal abzudecken, müssen die Fragen der Anzahl und Orte der Terminals geklärt werden.[29]

2.1.1.2 Taktische Entscheidungen

Bei den taktischen Entscheidungen geht es um die Rahmentourenplanung. Es werden Transportbedarfe in Touren eingeteilt, damit diese in Verantwortlichkeitsbereiche fallen. Dabei werden die täglichen Fahrten in den Tourgebieten, welche Teilgebiete eines größeren Liefergebiets sind, täglich optimiert. Die Optimierungen sind abhängig von den Umständen und der Arbeitslast.[30]

Die Distributionsplanung beinhaltet die Bestandsvolumina für die Produkte, Filialen und Tourgebiete. Ziel der Planung ist es, die kommende Nachfrage zu prognostizieren und ein dementsprechendes Angebot offerieren zu können.[31]

Auch die Zustell- und Übergabeoptionen, welche Teil der Service-Features sind, gehören zu den taktischen Entscheidungen. Die Zufriedenheit der Kunden ist ein wichtiger Faktor, um die Erlöse anzuheben. Die Qualität der Zustellung sorgt zudem für die Senkung von misslungenen Zustellungen, Retouren und Beschwerden. Dies führt wiederrum zu einer Senkung zusätzlicher Kosten. Auch in diesem Fall kann die Fremdvergabe an Subunternehmer vorgenommen werden. Hier ist eine Abwägung der Kosten und der Qualität notwendig, wobei die Qualität Vorrang hat.[32]

2.1.1.3 Operative Entscheidungen

Zu den operativen Entscheidungen gehört das Bestandsmanagement. Das Bestandsmanagement besagt, wie oft und in welcher Höhe ein bestandsführender Punkt verfügbar sein soll. Durch Prognosen wird eine Distributionsplanung angefertigt, welche die Nachfrage ermittelt. Dadurch kann darauf ein

---

[28] Vgl. Brabänder, 2020, S. 52.
[29] Vgl. Brabänder, 2020, S. 52.
[30] Vgl. ebd., S. 52f.
[31] Vgl. ebd., S. 52f.
[32] Vgl. ebd., S. 53f.

entsprechendes Angebot abgeleitet werden. Das Bestandsmanagement reagiert dann auf die Distributionsplanung durch die operative Festlegung der Lagerbewegungen. Außer Acht bleiben aber die Zuordnungen von Teilbeständen und Fehlmengen. Das heißt, dass es keine Bestimmungen dazu gibt, welcher Kunde bei Fehlmengen nicht beliefert wird. Die Lagerhaltung kümmert sich um die Prozesse in einem Lager. Ein- und Auslagern, Kommissionieren, Umschlagen, Be- und Entladen sind unter anderen Prozessen, welche bei der Lagerhaltung anfallen. Durch die Anpassung des Lagerlayouts und der Eliminierung von Verschwendungen können Lagerhaltungskosten reduziert werden. Die Bestandsmenge bleibt dabei unberührt aber die Prozesskosten können durch Automatisierung und effizienten Personaleinsatz verringert werden. Leerlaufzeiten sollten zudem so niedrig wie möglich gehalten werden. Dadurch können Bestände gesenkt werden, was sich mit guten Prozessen positiv auf die freistehende Zeit auswirkt, welche in der Zustellung genutzt werden kann.[33]

Ein weiterer wichtiger Bereich der operativen Entscheidung ist das Routing. Hier wird für jedes Fahrzeug der Distributionsflotte der Transportbedarf bestimmt, um dann eine Route festzulegen. Dabei werden die Bedingungen der Personaleinsatzzeit wie auch die Fahrzeugkapazität und weitere kundenorientierte Einschränkungen berücksichtigt. Die operativen Entscheidungen fallen täglich an und kümmern sich um die Umsetzung für die Endkunden.[34]

2.1.2 Historische Betrachtung des Begriffs der letzten Meile

Den Ursprung der Anfänge des Begriffs der letzten Meile liegt bei der verkabelten Telefonie. Bei der Errichtung einer lokalen Verteilerstelle wurden im Anschluss die privaten Haushalte an das Telefonnetz angeschlossen. Von dieser Verteilerstelle aus wurden die privaten Haushalte mittels Kupferkabel an das Telefonnetz angeschlossen. Das letzte Verbindungsstück zwischen der Verteilerstelle und dem Haushalt wurde die letzte Meile getauft. Der Begriff beschreibt keine definierten Entfernungen, sondern beschreibt hier den letzten Abschnitt der Kabelverlegung, welcher bei jedem Haushalt spezifisch ist. Hier wird zwischen Verbindungsabschnitten mit Verteilerstellen, welche für die Vielzahl von Anschlüssen notwendig ist und die Verbindungsabschnitte zwischen der

---

[33] Vgl. Brabänder, 2020, S. 55.
[34] Vgl. ebd., S. 55f.

Verteilerstelle und dem Privatanschluss unterschieden. Das Adjektiv Letzte beschreibt den letzten Bauschritt zur Fertigstellung der Verbindung des Kabelanschlusses. Besondere Beachtung bekam die letzte Meile aufgrund des erheblichen Aufwands, welcher damit verbunden war. Die Kabellänge, welche benötigt wird, um die Privathaushalte an das Netz anzuschließen, ist in diesem Prozess am längsten. Darüber hinaus muss bei jeder Verlegungsarbeit einzelne Tiefbauarbeiten stattfinden. Es ist nicht möglich viele Kabel in einem Graben zu bündeln. Außerdem ist bei der letzten Meile die Mitarbeit der Privathaushalte notwendig. Alle anderen Prozesse können einfach getaktet werden. Der Begriff lässt sich heute auf verschiedenste Netze oder Betreiber anwenden. Strom, Wasser, Gasversorger, öffentlicher Nahverkehr, Pflege, medizinische Versorgung, Katastrophenschutz, kabellose Informations- und Kommunikationstechnologien und auch die Distributionslogistik hat die letzte Meile in ihren Prozessen verankert.[35]

2.1.3 Problem der Tourenplanung

Bei dem Problem der Tourenplanung geht man von einem Ort aus, von dem man die Belieferung der Kunden vornimmt. In der Regel nennt man diesen Ort Depot und kann zum Beispiel ein Auslieferungslager oder auch ein Sammellager darstellen. Das Modell des Tourenplanungsproblems bezeichnet den Ausgangspunkt des Depots als Nummer 0. Die Kundenorte erhalten dabei die Nummerierung 1,…,n. Hierdurch ergibt sich ein Netzwerk aus Depotpunkten und Zustellpunkten. Weitere Faktoren hierzu sind die Entfernungen der verschiedenen Punkte sowie die Kapazitätsrestriktionen der Zustellfahrzeuge. Jeder Kunde wird während einer Tour exakt einmal angefahren, woraus sich der Tourenplan ergibt. Die Tourenplanung kann auf verschiedene Ziele optimiert werden. Dabei kann diese auf die minimale Gesamtlänge der Tour, auf die minimale Anzahl von Touren oder auch auf die gleichmäßige Auslastung der Fahrzeuge optimiert werden.[36]

Das erste Ziel, die minimale Gesamtlänge der Tour, ist hierbei ein Einflussfaktor auf die variablen Kostenpositionen von Auslieferungstouren. Eine geringe Gesamtlänge ermöglicht also die Senkung der variablen Kosten. Das zweite Ziel ist dann sinnvoll, wenn man nur einen begrenzten Fuhrpark hat oder Fahrzeuge einsparen will. Die gleichmäßige Auslastung ist von Vorteil, wenn es um die

---

[35] Vgl. Brabänder, 2020, S. 6.
[36] Vgl. Mattfeld, Dirk / Richard Vahrenkamp: Logistiknetzwerke: Modelle für Standortwahl und Tourenplanung, 2. Aufl., Wiesbaden, Deutschland: Springer Gabler, 2013, S. 276.

Planung der Schichten geht. So sollen die Fahrzeuge der Frühschicht möglichst gleichzeitig in das Depot zurückkehren, um diese für die nächste Schicht neu beladen zu können.[37]

2.1.4 Verfahren zur Lösung des Tourenplanungsproblems

Die Tourenplanung erfolgt meist unter Nutzung von Heuristik. Hier ist als Beispiel die nächster Nachbar-Heuristik zu nennen. Hier wird zunächst ein Startknoten bestimmt, welcher im ersten Schritt auch als Endpunkt behandelt wird. Im Anschluss wird der Knoten ausgewählt, welcher am nächsten zum Endpunkt liegt und fügt diesen der bereits bestehenden Tour hinzu. Dieser Punkt wird dann wiederum zum nächsten Endpunkt. Dabei ist darauf zu achten, dass der Punkt noch nicht aufgenommen wurde. Das Verfahren wird solange weitergeführt, bis alle Knoten angeschlossen wurden. Dabei gibt es zwei Formen der nächster Nachbar-Heuristik. Es gibt die geschlossene Tour, bei welcher Start- und Endpunkt gleich sind und die offene Tour, bei der keine Rückkehr zum Ausgangspunkt stattfindet.[38] Der große Vorteil dieser Methode ist, dass sie sehr leicht durchführbar ist. Ein Nachteil dagegen ist, dass bei der zur Auswahl stehenden Knoten gegen Ende der Tourenplanung nur noch wenige Knoten vorhanden sind. Dadurch passiert es, dass schlechte Verbindungen mit in die Planung integriert werden.

Ein weiteres Lösungsverfahren für die Tourenproblematik ist das Savings-Verfahren. Es gehört zu den Parallelverfahren, da eine simultane Zuordnung zum Fahrzeug und die Reihenfolge für das Besuchen der Orte erfolgt. Eine symmetrische Entfernungsmatrix mit den Koordinaten für das Depot und die Kunden ist die Voraussetzung für das Verfahren. Jeder Punkt wird zu Beginn der Lösung einzeln angefahren, was man Pendeltour nennt. Wenn man das Depot als 0 und die Kunden als i definiert lautet diese Anfangslösung 0,i,0. Diese am Anfang schlecht optimierte Ausgangslösung wird während des Savings-Verfahren optimiert. Es werden zwei Touren jeweils vereinigt. Hier ist aber auf die Zeit- und Kapazitätsgrenzen zu achten. Wenn bei zwei Touren der erste und letzte Endkunde übereinstimmt, können diese Touren mit dem Übergang, von dem einem zum anderen Endkunden miteinander verbunden werden. Die Ersparnisse sind größer, je näher die Kunden beieinanderliegen und je weiter diese vom Depot entfernt

---

[37] Vgl. ebd., S. 277.
[38] Vgl. Mattfeld/Vahrenkamp, 2013, S. 284.

sind. Das Savings-Verfahren eignet sich bei einer großen Anzahl an Touren mit einer kleinen Anzahl an zu beliefernden Kunden.[39]

2.1.5 Gestaltungsmöglichkeiten der letzten Meile

Neben der konventionellen Hauszustellung werden weitere kreative Ansätze benötigt, um den steigenden Sendungs- und Verkehrsaufkommen zu begegnen.

Grafisch lässt sich der gestiegene Anteil des Onlinehandels durch Abbildung 9 veranschaulichen. Im oberen Teil der Grafik wird die Zeit vor dem Onlinehandel gezeigt. Dabei werden die Einzelhändler durch schwarze Punkte visualisiert, welche von den Lieferanten in Touren beliefert werden. Im unteren Teil der schematischen Darstellung wird der Onlinehandel miteinbezogen. Dadurch werden nicht nur Einzelhändler, sondern auch Privathaushalte in Touren beliefert. Weitere Herausforderungen diesbezüglich verursachen die gestiegenen Ansprüche an die Logistikdienstleistungen und die Abwesenheit von Empfängern bei der Zustellung.[40]

---

[39] Vgl. ebd., S. 285f.
[40] Vgl. Rumscheidt, 2019, S. 47.

Theoretische Grundlagen der klassischen Logistik und der Crowd-Logistik

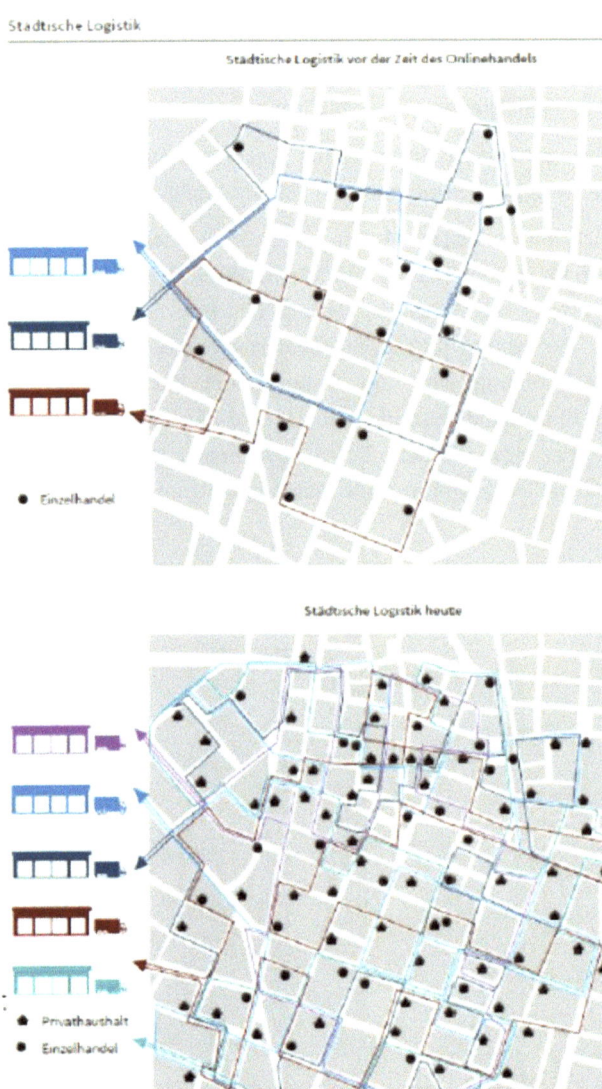

Abbildung 7: Städtische Logistik

Abbildung 9: Städtische Logistik
Quelle: Rumscheidt, Sabine: Die letzte Meile als Herausforderung für den Handel, in: ifo Schnelldienst, 2019, S. 48.

Eine Lösungsmöglichkeit für das Problem der letzten Meile sind die sog. Packstationen der DHL. Diese ermöglichen eine Abholung rund um die Uhr für die Empfänger. Damit kann DHL die Anzahl der nicht angenommenen Sendungen aufgrund von Abwesenheiten während der Zustellung senken, was ein effizienteres Arbeiten ermöglicht.[41]

UPS hingegen nutzt seit 2012 dreirädrige E-Bikes als Lastenräder. Diese ermöglichen eine umweltfreundliche Zustellung in städtischen Gebieten, welche bereits an ihre Kapazitäten stoßen, wie es in Abbildung 9 bereits gezeigt wurde.[42]

Einen regelrechten Hype erfährt das Thema der Zustellung mittels Drohnen und Roboter. Diese sollen für Brief- und Paketzustellungen eingesetzt werden. Hierfür werden sie bereits getestet. Durch den Einsatz der halbautonomen Assistenten können Personalkosten und zugleich Emissionen gesenkt werden, allerdings sehen Konsumenten das Thema bislang skeptisch und bevorzugen daher die persönliche Zustellung. Ein weiteres Problem ist, dass Drohnen von Menschen überwacht werden müssen und die Ladekapazitäten und Reichweiten noch stark begrenzt sind. Auch aufgrund rechtlicher Unklarheiten bzgl. der Flughöhe, Landeplätze und der sicherheitstechnischen Aspekte können derzeitig noch keine Aussichten auf diese Gestaltungsmöglichkeit der letzten Meile geben.[43]

Ein weiteres Konzept zur bewältigen der letzten Meile ist das Micro-Hub Konzept, welches sich durch Abbildung 10 grafisch erklären lässt. Hier werden in Städten an bestimmten Standorten Container platziert. Diese werden als lokales Verteilerzentrum verwendet. Damit kann die Verkehrsdichte des Stadtverkehrs reduziert werden, da hierdurch Fahrten mit kleineren und umweltfreundlicheren Elektrofahrzeugen ermöglicht werden.[44] Auch die Wege können hierdurch besser genutzt werden, was vor allem der Tourenplanung zugutekommt.

---

[41] Vgl. Wöbcke, Mirco: Paketdienste und die Paketzustellung auf der letzten Meile, in: Hammertoff.de, 16.01.2020, [online] https://www.hammertoff.de/paketdienste-und-die-paketzustellung-auf-der-letzten-meile/ [05.05.2020].

[42] Vgl. Völkert, Alexander: Die letzte Meile in der Logistik: Definition, Transport & Zukunft!, in: MM Logistik, 16.01.2019, [online] https://www.mm-logistik.vogel.de/die-letzte-meile-in-der-logistik-definition-transport-zukunft-a-592894/ [05.05.2020].

[43] Vgl. PricewaterhouseCoopers: Aufbruch auf der letzten Meile, 2017, [online] https://www.pwc.de/de/transport-und-logistik/pwc-studie-aufbruch-auf-der-letzten-meile.pdf, S. 19.

[44] Vgl. Rumscheidt, 2019, S. 48.

Micro-Hub Konzept

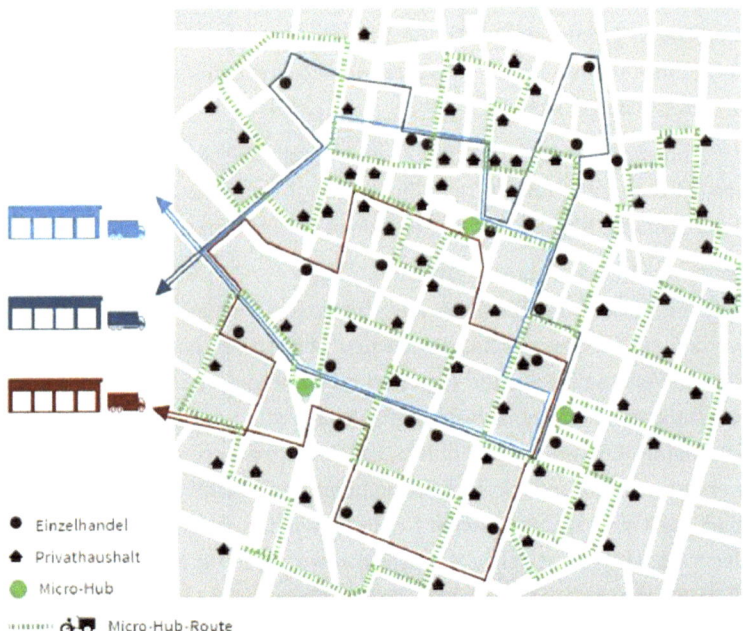

Abbildung 10: Micro-Hub Konzept
Quelle: Rumscheidt, Sabine: Die letzte Meile als Herausforderung für den Handel, in: ifo Schnelldienst, 2019, S. 49.

Auch Sharing-Modelle finden auf dem Markt eine steigende Akzeptanz. Viele Personen würden heute bereits Paketlieferungen durch ein Taxi oder durch eine Privatperson akzeptieren.[45]

Hieran knüpft dann auch die Crowd-Logistik (CL) an, welche vor allem durch die Entwicklung von App-basierten Plattformen angetrieben wurde.[46]

---

[45] Vgl. PricewaterhouseCoopers, 2017, S. 18.
[46] Vgl. Le, Tho V. / Amanda Stathopoulos / Tom Van Woensel / Satish V. Ukkusuri: Supply, demand, operations, and management of crowd-shipping services: A review and empirical evidence, in: Transportation Research Part C: Emerging Technolgies, Jg. 2019, Nr. 103, 2019, doi: 10.1016/j.trc.2019.03.023, S. 83.

2.2 Crowd-Logistik

2.2.1 Definition und Abgrenzung zur klassischen Logistik

Für CL oder auch Crowdshipping gibt es einige Definitionen. Im Rahmen der Forschungsarbeit wird vorwiegend die Definition von Buldeo Rai et al. (2017) genutzt, welcher CL als eine Informationskonnektivität eines verwirklichten Marktplatz Konzepts, welches Angebot und Nachfrage für Logistikleistungen mit einer undefinierten und externen Masse, welche über freie Kapazitäten in Bezug auf Zeit und/ oder Platz verfügt mit freiwilligen Teilnehmern zusammenbringt und dafür eine entsprechende Kompensation für ihre Dienste erhalten.[47]

Im Wesentlichen unterscheidet sich CL zur klassischen Logistik in dem Punkt, dass Privatpersonen, welche über freie Kapazitäten verfügen, in den Zustellprozess gegen einen Zuverdienst eingebunden werden können.[48] Dadurch kann die Umwelt entlastet werden, da bei CL bereits geplante Fahrten bei vorhandenen Kapazitäten dazu genutzt werden können, Pakete auszuliefern.[49] Dadurch ergibt sich gleichzeitig eine Win-win-Situation für den Absender und den Mitnehmer. Der Absender kann sein Paket kostengünstig versenden und der Mitnehmer kann zum Beispiel einen Teil seiner festen Reisekosten hierdurch decken.[50] Um an diesem System teilzunehmen, können Nutzer über App oder Browser bei dem Berliner Start-up Unternehmen CoCarrier ein Konto erstellen. Anschließend können potenzielle Kuriere ihre Reisedaten hinterlegen, worauf Versender Kontakt mit den jeweiligen Nutzern herstellen können. Dies lässt sich allerdings auch umgekehrt abwickeln, indem ein Versender ein Gesuch für eine abzuwickelnde Sendung erstellt. CoCarrier tritt in diesem System als Vermittler auf und erhält 25 % des vorher ausgewiesenen Preises. Die anderen 75 % erhält der Kurier.[51] Weitere Abgrenzungen liegen in den wirtschaftlichen Vorteilen. So gibt es Einsparungen bei

---

[47] Vgl. Buldeo Rai, Heleen / Sara Verlinde / Jan Merckx / Cathy Macharis: Crowd logistics: an opportunity for more sustainable urban freight transport?, in: European Transport Research Review, Jg. 9, Nr. 39, 2017, doi: 10.1007/s12544-017-0256-6, S. 1.

[48] Vgl. Lambrecht, Matthias: Trend: Crowd Delivery: Chancen und Risiken des Sharing Economy-Modells, in: Hermes Newsroom, 22.03.2018, [online] https://newsroom.hermesworld.com/trend-crowd-delivery-chancen-und-risiken-des-sharing-economy-modells-14993/ [20.05.2020].

[49] Vgl. Maar, Julian / Anabel Ternès: Private - die Paketenboten von morgen?, in: Verkehrsrundschau Spezial Who is Who Logistik 2018, Jg. 2018, Nr. Sonderheft, 2018, [online] https://www.verkehrsrundschau.de/fm/3576/WIW_2018.pdf, S. 24.

[50] Vgl. ebd., S. 24.

[51] Vgl. ebd., S. 24.

Lagerhäusern mit großem Fuhrpark, Treibstoffkosten und bei den Verwaltungs- und Kuriermitarbeiterkosten.[52] Dieses System funktioniert allerdings nur bei ausreichendem Angebot und Nachfrage.[53] Amazon hat das Potential der CL ebenfalls erkannt und bietet mit dem Service Amazon- Flex eine crowdbasierte Auslieferung von Bestellungen an und verspricht den Lieferanten einen Stundenlohn von bis zu 25 Euro.[54]

Aber auch konventionelle Logistikunternehmen wie DHL, UPS haben das Geschäftsmodell bereits adaptiert.[55]

Ein weiteres Abgrenzungsmerkmal besteht darin, dass die CL dezentral gesteuert wird. Dabei unterliegt die CL keinen standardisierten Prozessen. Das Geschäft der CL wird ad-hoc abgewickelt. Die klassische Logistik dagegen hat feste Prozesse, welche zentral gesteuert werden.[56] Darüber hinaus wird bei CL allgemein versucht, eine kritische Masse zu bilden. Das bedeutet, dass genügend Teilnehmer vorhanden sein müssen, damit das System funktioniert und erfolgreich betrieben werden kann.[57]

2.2.2 Beweggründe des Megatrends

Zunächst einmal bildet die CL ein Konzept für die Gestaltung der letzten Meile und findet vor allem im C2C Bereich Anwendung, da hier meist Privatpersonen eingebunden werden. Es soll kosteneffizient sein, da die letzte Meile besonders zeit- und kostenintensiv ist.[58] Auch haben die Lieferdienste aufgrund des boomenden Onlinehandels eine sehr starke Nachfrage nach neuen Lieferfahrern, allerdings erweist sich die Personalbeschaffung hier als eine besonders große

---

[52] Vgl. ebd., S. 24.
[53] Vgl. Maar/Ternès, 2018, S. 24.
[54] Vgl. Brien, Jörn: Wie Amazon-Flex-Mitarbeiter mit Bots um Aufträge kämpfen, in: t3n Magazin, 13.02.2020, [online] https://t3n.de/news/amazon-flex-mitarbeiter-bots-um-1251075/ [21.05.2020].
[55] Vgl. Göpfert, Ingrid / Patrick Seeßle: Innovative Startups in der Logistikbranche - Eine Betrachtung der neuen Marktteilnehmer und empirische Erkenntnisse einer Fragebogenstudie, in: Ingrid Göpfert (Hrsg.), Logistik der Zukunft - Logistics for the Future, 8. Aufl., Wiesbaden, Deutschland: Springer Gabler, 2019, S. 270.
[56] Vgl. Greveler, Ulrich / Dirk Bruckmann: Datenschutzfreundliches Crowdsourcing multimodaler Mobilitäts-, Informations- und Versorgungsdienste in der Smart City, in: Heike Proff (Hrsg.), Neue Dimensionen der Mobilität: Technische und betriebswirtschaftliche Aspekte, Wiesbaden, Deutschland: Springer Gabler, 2020, S. 300.
[57] Vgl. Göpfert/Seeßle, 2019, S. 270.
[58] Vgl. PricewaterhouseCoopers, 2017, S. 18.

Hürde. Dabei setzt die CL genau hier an und kann somit aus einem Nachbarn einen potenziellen Lieferanten machen.[59] Auch in anderen Bereichen hat das Sharing Konzept bereits gezündet.[60] Zu nennen ist hier besonders das Unternehmen Uber, welches in ihrem Geschäftsmodell die Nutzung der Crowd als Personenbeförderer einbezieht und das Unternehmen Airbnb, welches die Privatunterkünfte für deren Kunden an andere vermittelt. CL Lösungen verfügen trotz ihres noch geringen Bekanntheitsgrades eine relativ hohe Akzeptanz. Dies war das Ergebnis einer Studie des Seminares für Unternehmensführung und Logistik der Universität zu Köln im Rahmen der Potenzialanalyse für den deutschen KEP-Markt. So empfinden 73 % der potenziellen Kunden die CL als flexibler und 44 % als bequemer.[61] Da die KEP-Dienste bereits eine sehr weit entwickelte Infrastruktur besitzen, kann CL hier die Dimensionen Preis, Geschwindigkeit und Zuverlässigkeit nicht erheblich verbessern, allerdings ist die CL in urbanen Gegenden mit einer hohen Bevölkerungsdichte ein vielversprechender Markt. Deshalb sollten CL-Anbieter laut der Potenzialanalyse als potenzielle Kooperationspartner für Logistikdienstleister angesehen werden.[62]

2.2.3 Aktueller Stand der Crowd-Logistik

Bei CL-Lösungen geht die Grundidee von der sogenannten Sharing Economy aus, welche die Ansätze für die CL liefert.[63] Dabei wird Sharing Economy von Thomas von Stokar folgendermaßen beschrieben. Bei Sharing Economy geht es nicht um neue Güterarten. Bestehende Güter werden über neue z.B. digitale Kanäle gehandelt bzw. geteilt und genutzt. Der Treiber hinter der Verbreitung ist hauptsächlich das Internet bzw. die Digitalisierung. Dadurch kann eine Vernetzung von Akteuren über eine digitale Sharing-Plattform ermöglicht werden. Die Sharing Economy ist demnach keine eigenständige Entwicklung, sondern gilt mehr als ein Spezialfall der Plattformökonomie. Diese beinhaltet alle Wirtschaftsaktivitäten auf

---

[59] Vgl. Hartmann, Evi: Die Biene bringt's, in: blogs.fau.de, 16.10.2017, [online] https://blogs.fau.de/weltbewegend/2017/10/16/die-biene-bringts/ [22.05.2020].

[60] Vgl. Lambrecht, 2018.

[61] Vgl. Universität zu Köln: Crowd-Logistik – Eine Potenzialanalyse für den deutschen KEP-Markt, 2017, [online] https://logistik-heute.de/sites/default/files/public/data-fachartikel/crowd_logistik_logistik_heute_summary_final_v2_pdf_11563.pdf, S. 4.

[62] Vgl. ebd., S. 6.

[63] Vgl. Asdecker, Björn / Eric Sucky: Digitale Transformation der Logistik – Wie verändern neue Geschäftsmodelle die Branche?, in: Alexander Leischnig / Björn Ivens / Alexander Fliaster / Brigitte Eierle / Wolfgang Becker / Alexander Pflaum / Eric Sucky (Hrsg.), Geschäftsmodelle in der digitalen Welt: Strategien, Prozesse und Praxiserfahrungen, Wiesbaden, Deutschland: Springer Gabler, 2019, S. 206.

den digitalen Marktplätzen und bringt weltweit Angebot und Nachfrage über das Internet zusammen.[64]

DHL hat bis Ende 2013 das Projekt My Ways in Stockholm betrieben. Dabei werden Sendungen in Form von Paketen nicht wie normalerweise in Deutschland an die Hausanschrift, sondern an Abholstationen geliefert. Bis hierher unterscheidet es sich nicht von der Zustellung an Packstationen, welche man dann selbst abholt. Durch eine spezielle App wird den Paketempfängern ermöglicht, eine Lieferung aus der Abholstation an die Hausanschrift in Gang zu setzen. Auf der Plattform registrierte Nutzer haben nach der Erstellung der Lieferanfrage die Möglichkeit, gegen einen Verdienst, die Lieferung an den Sendungsempfänger zu übernehmen.[65] Die Zustellentgelte erstreckten sich bei My Ways von zwischen 3,50 € und 6,00 € und falls sich für die Zustellung niemand finden ließ, übernahm die Zustellung DHL selbst. Wichtig zu erwähnen ist jedoch, dass in Schweden grundsätzlich keine Adresszustellungen stattfinden. Dadurch konnte man mit My Ways einen Mehrwert im B2C-Bereich bieten, weil dadurch eine persönliche Abholung aus Abholstationen entfallen konnte. Das Projekt wurde nicht fortgesetzt und über die Gründe hierfür ist leider nichts bekannt.[66]

Neben DHL hat sich auch Hermes als klassischer Logistikdienstleister für das Thema der CL interessiert und testet es, wie auch einige Start-ups in diesem Geschäftsfeld, für ihre Zwecke. Dennoch sind die meisten Ansätze für diese Branche noch zu heterogen, weshalb die meisten Start-ups nur kurz auf dem Markt existieren.[67]

Der BIEK hat im Rahmen einer Nachhaltigkeitsstudie auf den Verzicht der Crowd Delivery-Konzepte plädiert, wenn diese direkt in die letzte Meile der KEP-Dienste integriert werden würden. Der Grund hierfür ist, dass durch die Integration von Crowd Delivery, soziale Standards unterlaufen werden könnten. Dies könnte die öffentliche Wahrnehmung der KEP-Dienste nachhaltig schädigen. Dies ist ein besonders sensibles Thema für die KEP-Dienste, da bereits im Jahr 2012 eine

---

[64] Vgl. von Stokar, Thomas / Martin Peter / Remo Zandonella / Vanessa Angst / Kurt Pärli / Gabi Hildesheimer / Johannes Scherrer / Wilhelm Schmid: Sharing Economy - teilen statt besitzen, Zürich, Schweiz: vdf Hochschulverlag AG, 2018, S. 9.

[65] Vgl. Pieringer, Matthias: Crowdsourcing: DHL startet neue Form der Paketzustellung, in: LOGISTIK HEUTE, 03.09.2013, [online] https://logistik-heute.de/news/crowdsourcing-dhl-startet-neue-form-der-paketzustellung-10486.html [27.05.2020].

[66] Vgl. Bundesverband Paket und Expresslogistik: Nachhaltigkeitsstudie, 2017, [online] https://biek.de/download.html?getfile=509, S. 83.

[67] Vgl. Universität zu Köln, 2017, S. 2.

medienwirksame Kritik aufgrund der Sozialstandards bei den Zustellern stattgefunden hatte.[68]

Auch die in Stockholm angebotene Entlohnung für das Ausliefern von Sendungen ist aufgrund der stark vertretenen traditionellen KEP-Dienste in Deutschland undenkbar. Zudem ist der finanzielle Anreiz, welcher in Stockholm angeboten wurde, für die Deutschen wahrscheinlich zu gering, um als Crowd-Zusteller zu arbeiten. Außerdem stellen sie nur wenige Sendungen zu, was für die Bewältigung des Lebensunterhalts nicht ausreichen würde.[69]

2.2.4 Geschäftsmodelltypen

Die Studie zur Potenzialanalyse von CL für den KEP-Markt kam bei der Analyse der Gestaltungsmuster auf das Ergebnis, dass sich die Geschäftsmodelltypen in vier Arten unterteilen lassen.[70] Der On-Demand-Kurier weist dabei die größte Ähnlichkeit zu den herkömmlichen Kurierdiensten auf und ist deshalb auch schwer davon abzugrenzen. Unternehmen wie Deliveroo, Liefery und Quiqup setzen dabei auf ein Netzwerk aus Nebenjobzustellern.[71] Dabei wird auf das intra-urbane Zustellgebiet für B2C-, und auch B2B-Sendungen für Wunschzeit und auch taggleiche Zustellungen gesetzt.[72] Dies kann als Chance für die Zustellungsmöglichkeit für zubereitete Speisen und (leicht verderbliche) Lebensmittel verstanden werden, da hier Zeit ein wichtiger Faktor ist.

Neben den On-Demand-Kurieren gibt es die Gelegenheitskuriere. Auch diese weisen gewisse Ähnlichkeiten auf, jedoch handelt es sich in diesem Fall um Freizeitzusteller, welche keine Festanstellung besitzen. Die Leistungen erstrecken sich über Same Day Lieferungen, Wunschzeit Zustellungen und weitere Zusatzdienste wie Live-Tracking, Verifizierung von Zustellern und der bargeldlosen Bezahlung. Die Dienste beziehen sich auf das intra-urbane B2C Segment und wird von Unternehmen wie Postmates oder Packator abgewickelt.[73]

Neben diesen zwei Geschäftsmodelltypen, welche sich um die Belieferung der innerstädtischen Regionen kümmern, setzen Mitfahrkuriere auf die nationale

---

[68] Vgl. Bundesverband Paket und Expresslogistik, 2017, S. 83.
[69] Vgl. ebd., S. 84.
[70] Vgl. Universität zu Köln, 2017, S. 3.
[71] Vgl. ebd., S. 3.
[72] Vgl. ebd., S. 3.
[73] Vgl. ebd., S. 3.

Zustellung. Dabei verlässt man sich auf eine aktive Mitnahme-Gemeinschaft, welche nur geringen Reglementierungen bzgl. der Lieferfristen unterliegt. Dabei können Kunden anhand von Bewertungen den Zusteller ihrer Wahl, auf Basis von Bewertungen, frei wählen. Bei allen Sendungen handelt es sich um direkte Kunde zu Kunde Sendungen.[74] Mitreisekuriere setzen auf das gleiche Prinzip, allerdings beziehen sich diese auf internationale Zustellgebiete. Im Vergleich zu den On-Demand-Kurieren und Gelegenheitskurieren ist das Professionalisierungsniveau niedriger. Unternehmen, welche Mitfahrkuriere vermitteln, sind Roadie und Meemeep und bei den Mitreisekuriere Shypmate und Piggybee.[75]

---

[74] Vgl. ebd., S. 3.
[75] Vgl. ebd., S. 3.

3. Herausforderungen zur Umsetzung der Crowd-Logistik

Innerhalb dieses Kapitels werden die Herausforderungen, welche zur erfolgreichen Implementierung der CL wichtig sind, aufgezeigt und analysiert. Dabei geht der Autor auf die Rahmenbedienung auf Seiten der Lieferanten, Nachfrager und der Empfänger ein. Da die CL ein dezentral gesteuertes System ist, ist eine gute IT-gestützte Infrastruktur eine wichtige Voraussetzung zur Sicherung der Abwicklung der Aufträge. Des Weiteren wird untersucht, inwieweit die CL als Alternative für die City-Logistik funktioniert und wie hoch die Akzeptanz für dieses noch junge Logistikkonzept bereits ist.

3.1 Schaffung der Rahmenbedingungen

3.1.1 Lieferantenseite

Bei der Beantwortung der Frage ist es nötig auf potenzielle Zusteller einzugehen, da diese für die CL eine der wichtigsten Bestandteile darstellen, welche zur Leistungserbringung benötigt werden.[76] Die Studie der Potenzialanalyse ergab dabei, dass 75 % der Zusteller (eher) wahrscheinlich Zusatzleistungen wie Abholung von Paketen bei den Kunden direkt übernehmen würden, welche sich die Kunden mehrheitlich wünschen.[77] Auch bei der Annahme der Pakete durch den Zusteller mit anschließender Lieferung findet mit 72 % eine hohe Zustimmungsquote.[78] Nur den Einkauf von Waren für einen Kunden und die Auslieferung von sperrigen Gegenständen findet bei den CL Zustellern wenig Anklang.[79] Trotzdem ergibt sich nach dieser Erkenntnis, eine große generelle Übereinstimmung der Kundenwünsche und der Bereitschaft der Zusteller diese zu erfüllen.

Für die Zusteller ergeben sich mit CL neue Möglichkeiten. Dabei empfinden 84 % der Zusteller den Nebenverdienst als (eher) wichtig. Auch der Beitrag zur Umwelt spielt für 70 % der Zusteller eine nicht unwesentliche Rolle und 48 % wollen ihr eigener Chef sein.[80] Bei der Bezahlung wünschen sich allerdings die Zusteller eine

---

[76] Vgl. Universität zu Köln, 2017, S. 5.
[77] Vgl. ebd., S. 5.
[78] Vgl. ebd., S. 5.
[79] Vgl. ebd., S. 5.
[80] Vgl. ebd., S. 4.

distanzabhängige Vergütung und Kunden gewichtsabhängige Preise oder einen Festpreis.

Zusammenfassend lässt sich aussagen, dass potenzielle Zusteller hauptsächlich an dem Nebenverdienst interessiert sind. Dabei kommen Sie den Wünschen der Kunden weitestgehend entgegen. Auch bei Fragen der Verifizierung und der Transportversicherung sind die Zusteller positiv eingestellt und stimmen mit 84 % bei der Verifizierung und 73 % bei der Transportversicherung zu.[81] Einzig bei der Verfolgung der Lieferung durch ein GPS-Signal sind die Zusteller mit 47 % Zustimmung geteilter Meinung, da es hierzu Bedenken bzgl. der Wahrung der Privatsphäre gibt.[82] Durch die allgemein gut gestellte Voraussetzung, sollte bei den Zustellern durch eine angemessene Bezahlung seitens der CL Unternehmen und der Ermöglichung eines selbstständigen Tätigkeitsbereichs, die Erreichung der kritischen Masse kein Problem darstellen.

3.1.2 Kundenseite

Potenzielle Kunden würden CL vor allem für Onlinekäufe, gefolgt von dem Transport von Kleidungsstücken zu und von der Textilreinigung nutzen. Außerdem sind die Kunden an der Auslieferung von zubereiteten Mahlzeiten aus Restaurants, Produkten aus dem Ausland und Medikamenten interessiert. 22 % der Kunden würden CL auch für den Wocheneinkauf und 20 % für den Kauf von Produkten aus Geschäften der näheren Umgebung nutzen wollen.[83]

Dabei ist bei 39 % der Kunden ein besserer Service als von den Paketdienstleistern wichtig. Immerhin 48 % ist der bessere Service eher wichtig. Zudem gaben 18 % an, dass ihnen der günstigere Preis bei CL Leistungen im Vergleich zu klassischen Paketdienstleistern wichtig ist und 19 % ist durch CL ein Beitrag zur Umwelt wichtig.

Des Weiteren sind den Kunden spezielle Serviceleistungen wichtig, wenn diese sich gezielt für CL-Anbieter entscheiden. Dies wird durch Abbildung 11 veranschaulicht. Dabei ist 82 % der Kunden die Zustellung während eines Wunschzeitfensters wichtig. 55 % wünschen sich die Abholung der Pakete von zu Hause. Interessant ist, dass sich die Hälfte der Befragten den Transport von sperrigen Gegenständen wünscht. Dies ist wiederrum bei den Zustellern nicht

---

[81] Vgl. Universität zu Köln, 2017, S. 6.
[82] Vgl. ebd., S. 6.
[83] Vgl. ebd., S. 4.

beliebt. Auch die Echtzeitverfolgung ist von 48 % der Kunden gewünscht. Dies stellt sich allerdings als Herausforderung auf Seiten des Datenschutzes heraus. Weitere 45 % wünschen sich Flexibilität bei der Änderung des Zustellzeitraumes. Die Freundlichkeit der Zusteller ist für immerhin noch 37 % der Kunden wichtig. Dies könnte darauf zurückzuführen sein, dass der Kunde den persönlichen Kontakt bei der Zustellung als wichtig empfindet.[84] Dies wurde bspw. bei der Zustellung durch Roboter und Drohnen bemängelt. Auch der Trend zur Same Day Delivery wird von 32 % der Kunden begrüßt und jeder vierte möchte seinen Zusteller frei auswählen können.[85]

Abbildung 11: Von Kunden gewünschte Serviceleistungen von CL-Anbietern
Quelle: Universität zu Köln, Crowd-Logistik – Eine Potenzialanalyse für den deutschen KEP-Markt, 2017, S. 5.

Zusammenfassend lässt sich sagen, dass die Kunden hohe Anforderungen an die CL haben. Einerseits wird ein besserer Service als bei den klassischen Paketdienstleistern erwartet und andererseits soll dieser Service günstiger sein als bei den Paketdienstleistern. Auch wenn bei wenigen Punkten, wie z.B. bei dem Transport von sperrigen Gegenständen oder auch bei der Übernahme und Lieferung der Wocheneinkäufe die Meinungen auseinandergehen, können die CL-Anbieter den Wünschen der Kunden größtenteils nachkommen und damit die Leistung potenziell erbringen.

---

[84] Vgl. ebd., S. 5.
[85] Vgl. Universität zu Köln, 2017, S. 5.

3.2 Schaffung einer IT-gestützten Infrastruktur zur Sicherstellung der Geschäftsabwicklung

Eine mögliche Konzeption einer IT-gestützten Infrastruktur für die Abwicklung der CL-Aufträge wird in Abbildung 12 veranschaulicht. Dabei senden Nachfrager nach einer CL-Leistung, eine Anfrage an das System. Diese Anfrage beantwortet die Fragen, um welche Güterart es sich handelt, der Preisvorstellung, sowie der gewünschten Bewertung, welche ein Zusteller erfüllen sollte. Passend zu dieser Anfrage werden den Versendern geeignete Lieferanten angeboten, welche zu dieser Zeit verfügbar sind. Aus diesen Lieferanten kann der Versender dann frei auswählen. Darüber hinaus ist über die App-basierte Konzeption die Möglichkeit gegeben, Zustellkarten zu verwenden. Diese sorgen für eine optimale Routenfindung.

Die Wahl verschiedener Verkehrsmittel wirkt sich auf die Preisgestaltung aus. Bewertungen für die Lieferanten sorgen für einen klaren Eindruck für zukünftige Versender.[86]

Abbildung 12: Konzeption einer CL-Infrastruktur
Quelle: Le et al.: Supply, demand, operations, and management of crowd-shipping services: A review and empirical evidende, in: Transportation Research Part C: Emerging Technologies, 2019, S. 84.

Darüber hinaus können über die Systeme bei manchen Anbietern zusätzliche Versicherungen über die Grundversicherung hinaus abgeschlossen werden, allerdings werden hierdurch die Preise in die Höhe getrieben, was wiederum die Konkurrenzfähigkeit von CL-Lösungen erschwert.[87]

---

[86] Vgl. Le et al., 2019, S. 84.
[87] Vgl. ebd., S. 97.

3.3 Crowd-Logistik als Alternative für die City-Logistik

Die City-Logistik unterliegt vielen unterschiedlichen Definition. Wittenberg versteht unter City-Logistik die Gesamtheit aller operativen und dispositiven Tätigkeiten, die sich auf bedarfsgerechte, nach Art, Menge, Zeit, Raum und Umweltfaktoren (i. w. S) abgestimmte, effiziente Bereitstellung (bzw. Entsorgung) von Realgütern in einer Stadt beziehen.[88] Darüber hinaus bedeutet dies, dass die City-Logistik Konzepte neben der Ver- und Entsorgung auch Faktoren der Luftbelastung, des Lärms sowie Unfall- und Stauprobleme beinhalten müssen.[89] Dabei verwendet der Autor diese Definition bei der Frage, ob und inwieweit die CL als Alternative für die City-Logistik in Frage kommt und behandelt dementsprechend die genannten Punkte.

Seit den 1990er Jahren gibt es City-Logistik Projekte. Dabei ist die Grundidee, dass Güterverkehre in der Stadt gebündelt werden, um die Infrastruktur zu entlasten und damit auch die Wirtschaftlichkeit der Güterverkehre innerhalb der Stadt zu verbessern.[90]

Daneben kann auch Lärm und weitere Emissionen reduziert werden.[91] Durch das rasche Wachstum des Sendungsvolumens, gehen auch hohe Belastungen durch den Verkehr verursachte Stickoxide, CO_2-Emissionen und Feinstaub negativ in die Klimabilanz ein. Deshalb sind innovative City-Logistik Projekte, bei denen verschiedene Ansätze kooperativ betrieben werden, notwendig.[92]

Die CL stellt hier einem Effizienzgewinn dar. Durch die Vielzahl an kleinen Auslieferdiensten und Privatpersonen, können bereits anfallende Fahrten, welche Teil des bestehenden Verkehrsaufkommens sind, genutzt werden. Durch die Nutzung kann der Anstieg des Verkehrsaufkommens reduziert werden.[93] Hierfür müssen jedoch genügend Teilnehmer in Form von Zustellern und Kunden vorhanden sein. Nach der derzeitigen Lage ist hier allerdings die Vermittlungsquote noch niedrig und das wird vor allem bei der Erreichung der

---

[88] Vgl. Wittenbrink, Paul, 1993, zitiert nach Erd, Julian: Stand und Entwicklung von Konzepten zur City-Logistik, Wiesbaden, Deutschland: Springer Gabler, 2015, S. 29.
[89] Vgl. Wittenbrink, 1993, zitiert nach Erd, 2015, S. 30.
[90] Vgl. PricewaterhouseCoopers, 2017, S. 20.
[91] Vgl. PricewaterhouseCoopers, 2017, S. 22.
[92] Vgl. ebd., S. 22.
[93] Vgl. Kaup, Steffen / Ahmet Vural Demircioglu: Von der Crowd-Logistik hin zu einem ganzheitlichen Ansatz hocheffizienten Warentransports, in: Wirtschaftsinformatik & Management, Jg. 9, Nr. 3, 2017, doi: 10.1007/s35764-017-0052-z, S. 18.

kritischen Masse problematisch, da hier zudem mehrere Anbieter gegeneinander konkurrieren.[94]

Bereits heute gibt es für die City-Logistik einige Konzepte. Dabei werden Anreize für die grüne Logistik geschaffen. In London ist ein prominentes Beispiel die Befreiung der Citymaut.[95] Diese gilt als verkappte Reichensteuer, welche zwar die finanzielle Bilanz positiv beeinflusst, aber die dadurch entstehenden Bauprojekte gelten neben dem rasanten Wachstum in London als Gegenargumente für den anfänglichen Erfolg, bei der Reduzierung der Verkehrsdichte.[96] Neben diesem Projekt gibt es das Free Parking Projekt in Norwegen oder die Nutzung von gesonderten Rangier- und Entladeflächen in Amsterdam für schadstoffarme Autos. Auch die Nutzung von E-Autos wird in Betracht gezogen. Diese sind geräuscharm und können deshalb auch für die Nachtbelieferung in manchen Ländern genutzt werden, um die Stoßzeiten zu entzerren.[97]

Darüber hinaus kann auch die gemeinschaftliche Nutzung, also das Sharing, in den Städten Anwendung finden. Der Ausbau der Verkehrsinfrastruktur verbessert den Lieferverkehr zwar auch, dennoch ist diese Erweiterung mit einem hohen zeitlichen Aufwand und zusätzlichen Kosten verbunden. Hierfür kommt die gemeinschaftliche Nutzung von Parkplätzen, Parkhäusern, öffentlichen Flächen und Gebäude in Zentrumsnähe durch Logistiker in Frage.[98]

Die CL kann kurz und mittelfristig wohl nicht die Konzepte der City-Logistik verdrängen, allerdings kann diese in die Konzepte der City-Logistik zusätzlich integriert werden, um die bestehenden Ressourcen in Form der vorhandenen Infrastruktur, der potenziellen Lieferanten und Kunden besser zu nutzen. Hierdurch kann die Umwelt entlastet und die Lärmbelästigung verringert werden. Auch das Risiko für Unfälle und Stauprobleme kann durch die Nutzung von bereits anfallenden Fahrten seitens Privatpersonen für den Transport von Waren genutzt werden. So können Zustellfahrten der KEP-Dienste eingespart werden, was sich positiv auf die Verkehrsdichte und die Klimabilanz auswirken könnte.

---

[94] Vgl. Lambrecht, 2018.
[95] Vgl. PricewaterhouseCoopers, 2017, S. 20.
[96] Vgl. Thibaut, Matthias: Londons City-Maut, in: handelsblatt, 04.10.2012, [online] https://www.handelsblatt.com/politik/international/londons-city-maut-gut-fuer-die-stadtkasse-schlecht-fuer-die-umwelt/7215550-all.html?ticket=ST-1054385-grfgTiHAjkmS9TsK57fM-ap3 [29.05.2020].
[97] Vgl. PricewaterhouseCoopers, 2017, S. 20.
[98] Vgl. PricewaterhouseCoopers, 2017, S. 24.

3.4 Akzeptanz für Crowd-Logistiklösungen

In Kapitel 2 wurde bereits auf die Akzeptanz für CL-Lösungen aufmerksam gemacht. Auch wenn das Thema noch jung ist, ist bei CL eine hohe Akzeptanz unabdingbar, um die kritische Masse nachhaltig zu erreichen. In diesem Abschnitt geht es darum, die Akzeptanz und die Bereitschaft für CL-Lösungen zu analysieren. Als Hilfe hierfür wird die Stichprobe einer Online-Umfrage verwendet, welche 61 Personen, die Teil des Evolaris User Panels sind, umfasst. Der Fokus bei der Umfrage liegt auf jüngere und besser gebildete Teilnehmerinnen und Teilnehmer.[99] Die nachfolgende Abbildung 13 geht dabei auf die Bereitschaft ein, als persönlicher Warenkurier zu fungieren.

Abbildung 13: Bereitschaft der Befragten als Warenkuriere zu fungieren

Dabei fällt auf, dass die Befragten eher als Warenkurier fungieren würden, wenn sie die Personen kennen. Dies gaben 59 % der 61 Befragten Personen an. Bei über 60 % ist die Nähe der Personen wichtig. Das bedeutet, dass die Befragten als Kurier tätig werden würden, wenn die Person in der Nähe bzw. in der Nachbarschaft lebt. Die Akzeptanz für Lieferungen an Personen, welche man über Netzwerke kennt, ist mit 21,3 % eher niedrig und bei Personen, die man nicht kennt mit 14,8 % noch geringer.[100]

---

[99] Vgl. Dörrzapf, Linda / Martin Berger / Gert Breitfuss / Elias Remele: Crowd Delivery als neues Lieferkonzept zur Stärkung des „Lokalen Marktplatzes", in: REAL CORP, Jg. 2016, 2016, [online] https://pdfs.semanticscholar.org/be95/89eaffceabd5c277fd9e741a4f0a7c5e25e7.pdf?_ga=2.151200507.390333141.1591366241-1327024764.1586781902, S. 200.

[100] Vgl. Dörrzapf et al., 2016, S. 201.

Interessant ist dabei die Betrachtung, wenn die Befragten bereits Vorkenntnisse in Bezug auf Crowd Delivery haben. Die nachfolgende Abbildung 14 gibt dabei Aufschluss über die Akzeptanz der Mitbringbereitschaft, wenn Vorkenntnisse über das Crowd-Delivery-Konzept vorhanden sind und wenn nicht.[101]

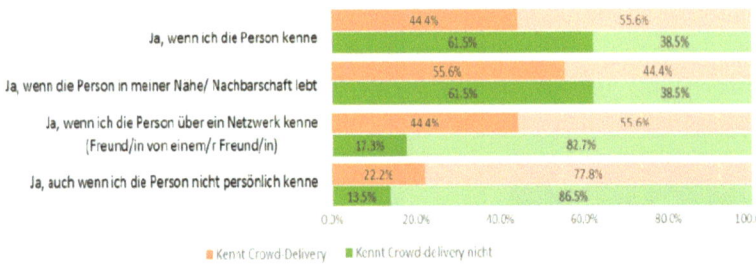

Abbildung 14: Mitbringbereitschaft und vorherige Kenntnisse des Crowd Delivery-Konzepts
Quelle: Dörrzapf et al.: Lieferkonzept zur Stärkung des „Lokalen Marktplatzes", in: REAL CORP, 2016, S. 201.

Hierbei fällt auf, dass die Mitbringbereitschaft vor allem bei Bekannten über Dritte höher ist, wenn diese Personen bereits mit Crowd-Delivery-Konzepten vertraut sind. So stimmen 44,4 % der Belieferung einer bekannten Person, welche über ein Netzwerk bekannt ist, zu. Diese Personen kennen dabei bereits Crowd Delivery. Damit liegt die Rate um mehr als das Zweieinhalbfache höher als bei der Personengruppe, welche noch keine Vorkenntnisse in Bezug auf Crowd Delivery mitbringt. Auch bei der Lieferung an Unbekannte macht sich dies bemerkbar. 22,2 % der Personen, welche bereits Vorerkenntnisse haben, würden als Lieferkurier für Unbekannte tätig werden. Ebenfalls auffällig ist die sehr niedrige Rate der Mitbringbereitschaft für Unbekannte, wenn keinerlei Vorkenntnisse vorhanden sind. Hier liegt die Bereitschaft lediglich bei 13,5 %.[102]

Bislang finden Crowd-Delivery-Konzepte größtenteils Anwendung, wenn die Personen bekannt sind oder wenn diese in der Nähe der potenziellen Zusteller leben.

---

[101] Vgl. ebd., S. 201.
[102] Vgl. ebd., S. 201.

Demnach ist eine Differenzierung notwendig, wann die Befragten jemanden als Nachbarn einstufen. Dafür wurden die 61 Probanden befragt, wann für sie jemand ein Nachbar ist. Dies wird visuell in der nachfolgenden Abbildung 15 zusammengefasst.

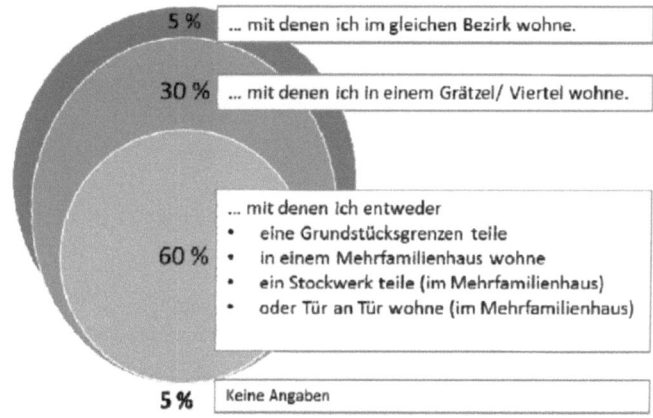

Abbildung 15: Räumliche Ausprägung von Nachbarschaft
Quelle: Dörrzapf et al.: Lieferkonzept zur Stärkung des „Lokalen Marktplatzes", in: REAL CORP, 2016, S. 201.

Für 60 % der Befragten ist jemand ein Nachbar, wenn dieser entweder die Grundstücksgrenzen teilt, in einem Mehrfamilienhaus wohnt, ein Stockwerk teilt oder Tür an Tür mit dem Befragten wohnt. Für 30 % ist jemand noch ein Nachbar, wenn dieser im selben Viertel wohnt. Bei 5 % erstreckt sich dies auf einen ganzen Bezirk.[103]

Diese Umfrage hat zudem gezeigt, dass eine Vielzahl der Befragten nicht viel über ihre Nachbarn wissen. Dies hat zur Folge, dass sich dies negativ auf das Crowd-Delivery-Konzept auswirken könnte.[104] Nun lässt sich zusammenfassen, dass die Mitbringbereitschaft, welche sich über die Nachbarschaft kennzeichnet, im Großteil auf angrenzende Nachbarn ausgerichtet ist. Nur grob ein Drittel würde dies auf ein Wohnviertel ausweiten.

---

[103] Vgl. Dörrzapf et al., 2016, S. 202.
[104] Vgl. ebd., S. 202.

Ein weiterer Faktor, welcher in der Akzeptanz der Crowd Delivery berücksichtigt werden muss, ist die Incentivierung der potenziellen Lieferanten. Die nächste Abbildung 16 zeigt dabei mögliche Incentivierungen. Diese erstrecken sich von Geld bzw. Sachleistung über Gutscheine, Prämienpunkte, Spende der Entlohnung, positive Reputation bis hin zur Teilnahme an Verlosungen oder den Verzicht der Entlohnung.[105]

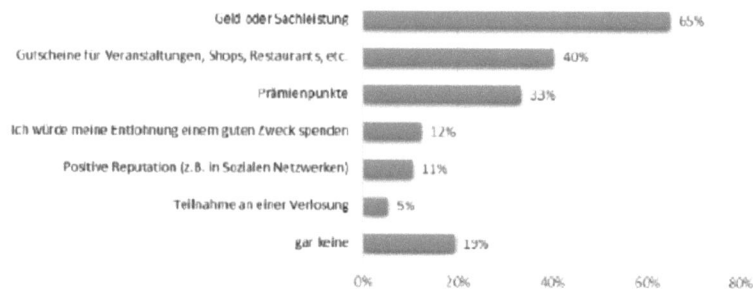

Abbildung 16: Möglichkeiten der Incentivierung
Quelle: Dörrzapf et al.: Lieferkonzept zur Stärkung des „Lokalen Marktplatzes", in: REAL CORP, 2016, S. 202.

Der Trend hier geht mit 65 % ganz klar hin zu den Geld- oder Sachleistungen. 19 % der Befragten würden sogar den Verzicht einer Leistung in Betracht ziehen. Auch die Vergabe von Gutscheinen spricht 40 % der Befragten an. Prämienpunkte würde jeder Dritte theoretisch akzeptieren. Die Spende sowie die positive Reputation und die Teilnahme an Vorlesungen machen zusammen 28 % aus und finden damit eher wenig Anklang.[106] Diese Umfrage soll dabei erste Aufschlüsse geben, was sich potenzielle Lieferanten als Gegenleistung vorstellen können. Hier ist auch zu erwähnen, dass die Umfrage auf Mehrfachnennungen ausgerichtet ist.

---

[105] Vgl. Dörrzapf et al., 2016, S. 202.
[106] Vgl. ebd., S. 202.

Im nächsten Punkt ist zu differenzieren, wann ein potenzieller Lieferant auf die Gegenleistung verzichten würde und wann nicht. Hierbei ist auffällig, dass bei guten Freunden und kleinen Paketen kombiniert mit einem kurzen Umweg, eine hohe Verzichtrate zu verzeichnen ist. Dies wird in Abbildung 17 grafisch aufbereitet dargestellt.[107]

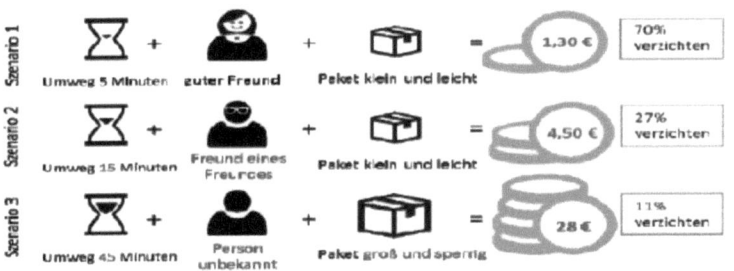

Abbildung 17: Geforderte Entlohnung bei drei Szenarien
Quelle: Dörrzapf et al.: Lieferkonzept zur Stärkung des „Lokalen Marktplatzes", in: REAL CORP, 2016, S. 202.

In den drei Szenarien werden dabei Änderungen bei der Zeit des Umwegs sowie bei dem Beziehungsstand der Personen und bei der Sendungsgröße angewendet. Im ersten Fall ist so wie erwähnt die Verzichtrate mit 70 % hoch, wenn der Umweg bei 5 Minuten liegt, der Empfänger ein guter Freund ist und die Sendung klein und leicht ist. Die restlichen 30 % würden hierbei 1,30 € als Incentivierung als angemessen empfinden. Im zweiten Fall ist der Umweg mit 15 Minuten verdreifacht worden. Der Lieferant beliefert hier einen Freund eines Freundes. Die Sendung bleibt dabei wie im ersten Szenario klein und leicht. Die Verzichtrate sinkt vom ersten auf den zweiten Fall auf 27 %. Die restlichen 73 % verlangen hier durchschnittlich eine Gegenleistung i.H.v. 4,50 €. Im dritten Szenario wird die Zeit des Umwegs auf 45 Minuten angehoben. Der Lieferant kennt in diesem Fall nicht den Empfänger und das Paket ist im Vergleich zum zweiten und ersten Fall groß und sperrig. Die Verzichtrate sinkt hier auf 11 %. Die geforderte Kompensation steigt auf 28 € an.[108]

---

[107] Vgl. ebd., S. 202.
[108] Vgl. Dörrzapf et al., 2016, S. 202.

Hier lässt sich folgender Zusammenhang erkennen. Bei der Lieferung von Sendungen an Empfänger, welche bekannt sind oder mit welchen man befreundet ist, werden Lieferungen häufiger als Gefälligkeit angesehen. Aber auch der Faktor Zeit spielt eine wesentliche Rolle. Je länger bzw. weiter der Umweg ist, desto geringer ist die Verzichtquote und desto höher ist die geforderte Kompensation. Dies lässt sich zudem auf die Art der Sendung übertragen. Mit steigendem Volumen der Sendung steigt auch die Entlohnung und weniger Lieferanten verzichten auf die Entlohnung. Die Bereitschaft und Akzeptanz hängen so also mit der monetären Kompensation zusammen, welche bei steigender Zeit und größeren und sperrigen Gütern nach oben korrigiert wird. Für die Anwendung der CL in Form der Crowd Delivery ist der soziale Faktor weitestgehend zu vernachlässigen, da es um die Integration der Lösung geht und man nicht davon ausgehen kann, dass sich die meisten Zusteller und Empfänger kennen. Dennoch begünstigt ein Bekanntenverhältnis die Akzeptanz für die CL und könnte einen positiven Effekt darauf haben.

Darüber hinaus gibt es weitere Faktoren, welche CL-Lösungen entweder begünstigen oder die Leute hemmen daran teilzunehmen. In Abbildung 18 werden weitere Faktoren hierfür aufgezeigt.

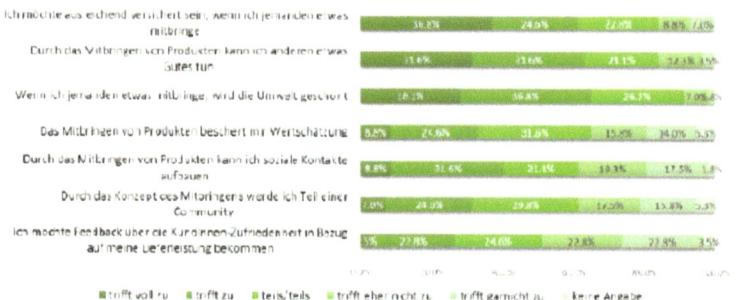

Abbildung 18: Hemmnis- und Begünstigungsfaktoren für die Teilnahme an der Liefer-Crowd
Quelle: Dörrzapf et al.: Lieferkonzept zur Stärkung des „Lokalen Marktplatzes", in: REAL CORP, 2016, S. 203.

Dabei wird klar, dass mehr als jeder zweite eine ausreichende Versicherung hat, wenn dieser jemanden etwas mitbringt.[109] Dies deckt sich mit den Rahmenbedingungen auf der Lieferantenseite in Abschnitt 3.1. Eine nicht ausreichende Versicherung kann demnach ein Hemmnis für CL-Lösungen darstellen.

Auch intrinsische und extrinsische Motive lassen sich festhalten. Mehr als die Hälfte will mit ihrem Dienst jemand anderen etwas Gutes tun. Auch der Umweltaspekt hat hier einen hohen Stellenwert.[110] Eine nachhaltige Integration der CL-Lösungen begünstigt somit auch die Bereitschaft der potenziellen Lieferanten an der Crowd teilzunehmen. Die Wertschätzung sowie die sozialen Kontakte und der Aspekt der Community werden von den Befragten als weniger wichtig betrachtet.[111]

Wegen dem Einsatz der Crowd Delivery in den Städten bietet sich aufgrund der umweltfreundlichen Zustellung die Nutzung des Fahrrads an.[112]

Auch die Infrastruktur kann durch den Einsatz des Fahrrads entlastet werden, was die Verkehrsdichte innerhalb der Städte ausdünnen könnte. Jedoch kann eine ausschließliche Nutzung von Fahrrädern nicht erzwungen werden. Dabei ist auch zu beachten, ob das Fahrrad für die Befragten in Betracht gezogen wird, um Sendungen zuzustellen.

Hierbei soll die nachfolgende Abbildung 19 Aufschluss geben. So werden die Befragten in vier Kategorien eingeteilt. Diese Kategorien erstrecken sich von der täglichen Nutzung bis hin zur monatlichen und selteneren Nutzung.[113]

---

[109] Vgl. Dörrzapf et al., 2016, S. 203.
[110] Vgl. ebd., S. 203.
[111] Vgl. ebd., S. 203.
[112] Vgl. ebd., S. 203.
[113] Vgl. Dörrzapf et al., 2016, S. 204.

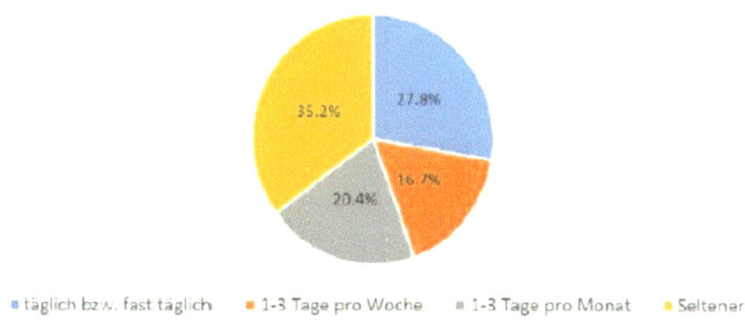

Abbildung 19: Häufigkeit der Fahrradnutzung
Quelle: Dörrzapf et al.: Lieferkonzept zur Stärkung des „Lokalen Marktplatzes", in: REAL CORP, 2016, S. 204.

27,8 % nutzen hierbei das Fahrrad fast täglich und 16,7 % mehrmals die Woche. Diese Personengruppe eignet sich demnach gut für die Crowd Delivery innerhalb der Städte. Auffällig hierbei ist, dass mehr als 35 % der Befragten seltener als 1-3 Tage pro Monat das Fahrrad nutzen.[114] Diese Personen können aber mit anderen Verkehrsmitteln an der Crowd teilnehmen, jedoch weniger mit dem Argument der Nachhaltigkeit in Bezug auf Umweltschutz.

Aufgrund der verschiedenen Beweggründe der Personengruppen, an einer Crowd teilzunehmen, lassen sich hier verschiedene Typen identifizieren.

Der Großteil lässt sich dabei als Nachbarschaftshelfer einordnen. Hier zählt auch das Mitbringen von Waren dazu. Dafür müssen die Sendungen klein und leicht sein. Zudem muss der zusätzliche Aufwand gering sein und es sollte eine soziale und räumliche Nähe zwischen dem Mitbringer und dem Empfänger bestehen. Unter diese Kategorie fällt auch der Fahrrad-affine. Hierunter zählt die Personengruppe, welche häufig mit dem Fahrrad unterwegs ist. Diese sind im Rahmen der umweltfreundlichen Zustellung besonders interessant.[115] Eine weitere Gruppe geht zu Fuß oder nutzt die öffentlichen Verkehrsmittel. Neben den Fahrrad-affinen existieren auch die Auto-orientierten. Grob die Hälfte der Befragten nutzt das Auto für Einkaufe.

---

[114] Vgl. ebd., S. 204.
[115] Vgl. Dörrzapf et al., 2016, S. 204.

Diese Zielgruppe kann schwerere und größere Waren einfacher transportieren als die anderen. Durch die flexible Transportmöglichkeit wird die Akzeptanz für das Mitbringen positiv beeinflusst. Im Gegensatz zum Fahrrad oder den öffentlichen Verkehrsmitteln ist zwar eine umweltfreundliche Zustellung nicht gegeben aber es können trotzdem Wege eingespart werden.[116]

---

[116] Vgl. ebd., S. 204f.

4. Zukunftschancen und Potentiale

Im 4. Kapitel dieser Arbeit werden die Zukunftschancen für CL-Lösungen aufgezeigt. Dabei werden bereits geschilderte Chancen und Potentiale für die Zukunft analysiert und für den Diskussionsteil im 5. Kapitel gesammelt dargestellt. Bereits im 2. und 3. Abschnitt der Arbeit wurde vermittelt, dass durch CL-Lösungen die Umwelt entlastet werden kann, was für die Nachhaltigkeit von Crowdshipping und Crowd Delivery spricht.

Durch die Anwendung von CL-Lösungen in überwiegend urbanen Gegenden sind die Wegzeiten zu den Sendungsempfängern wesentlich kürzer. So können auch Serviceleistungen wie Same Day Zustellungen, welche in Abschnitt 3.1 von den Kunden gewünscht werden, erbracht werden.

Auch die Einbindung von Privatpersonen in den Zustellprozess, kann dem allgegenwärtigen Fachkräftemangel entgegenwirken. Bei einer Befragung der Mitglieder der Bundesvereinigung Logistik gaben 46,4 % an, dass ihnen Fahrer und Zusteller fehlen.[117]

4.1 Nachhaltigkeit und Arbeitsbedingungen

CL-Lösungen stellen eine umwelt- und ressourcenschonende Möglichkeit dar, den Versand von Waren oder das Mitbringen von Waren, von Privatpersonen durchführen zu lassen, welche bereits unterwegs sind. Vor allem die Nutzung von Fahrrädern ist mit den kürzeren Wegen eine effektive Methode, um etwas zur umweltfreundlichen Logistik beizutragen.[118] Zudem können durch die Mitnahme von Paketen auch weitere Fahrten reduziert werden.[119] Durch Sharing-Konzepte können dadurch nachweislich CO_2-Emissionen reduziert werden.[120]

Der Begriff der Nachhaltigkeit kann hier weiter ausgedehnt werden. Durch dieses alternative Versandsystem kann der lokale Einzelhandel davon profitieren, wenn

---

[117] Vgl. Landwehr, Susanne: Fachkräftemangel in der Logistik deutlich spürbar, in: DVZ, 26.04.2017, [online] https://www.dvz.de/rubriken/politik/detail/news/fachkraeftemangel-in-der-logistik-deutlich-spuerbar.html [01.06.2020].

[118] Vgl. Dörrzapf et al., 2016, S. 205.

[119] Vgl. Rahn, Klaus-Peter: Crowd Logistics, 2018, [online] https://www.intralogistik-radar.de/wp-content/uploads/2019/01/IN-Rahn_Crowd-Logistics.pdf, S. 3.

[120] Vgl. Simmet, Heike: Sharing – Megatrend auch in der Logistik, in: DVZ, 08.07.2015, [online] https://www.dvz.de/rubriken/management-recht/speditionsmanagement/detail/news/sharing-megatrend-auch-in-der-logistik.html [03.06.2020].

dieser das Multi-Channel-Retailing als Verknüpfung des stationären Handels mit dem Onlinehandel nutzt.[121]

Um ein nachhaltiges Geschäftsmodell zu schaffen, muss die Kosten- und Umsatzstruktur gut konzipiert sein.[122] CL-Modelle lassen sich dabei in die Asset-Light-Kategorie einteilen. Dies bedeutet, dass diese Unternehmen keine kostenintensive Infrastruktur besitzen müssen. Dadurch können die Kosten der Unternehmen möglichst niedrig gehalten werden, da keine Lagerhäuser wie auch Fahrzeuge und die dazugehörigen angestellten Fahrer benötigt werden.[123]

Bei der sozialen Nachhaltigkeit ist es notwendig, auf die Arbeitsbedingungen der CL aufmerksam zu machen. Bei kollaborativen Plattformen wird Arbeitern die Möglichkeit geboten, ihre Zeit und Fähigkeiten in eine Gegenleistung in Form von Geld umzuwandeln. Diese Plattformen, welche bereits im Abschnitt 3.2 beschrieben wurden, sind flexibel in ihrem Aufbau und in ihrer Anwendung. Jede Person, welche an CL-Lösungen teilnehmen möchte, kann dies auf einer freiwilligen Basis verrichten. Dabei können die Arbeiter frei darüber entscheiden, wann sie diese Zeit aufbringen möchten. Diese erbrachte Zeit unterliegt dabei keinem Schuldverhältnis oder anderen Verpflichtungen. Die Plattformen wollen darauf verzichten, Kontrolle auf die Mitarbeiter auszuüben, da hierdurch der Anschein eines normalen Beschäftigungsverhältnisses zwischen Arbeitgeber und Arbeitnehmer entstehen könnte. Hierdurch würden alle Verantwortlichkeiten der Arbeitgeber auf die Plattform übertragen werden. Gleichwohl ist den Zustellern eine Kombination aus Flexibilität und persönlicher Kontrolle gepaart mit einer monetären Kompensation wichtig und stellt damit die Hauptmotivation dar, um einer kollaborativen Arbeitsgruppe beizutreten. Auch wenn den Zustellern die Flexibilität und die Freiheit wichtig ist, versuchen die Plattformen zugunsten der Effizienz, die Flexibilität und Freiheit zu beschränken.[124]

Bei den Arbeitsbedingungen spielen auch die Bewertungen der Zusteller eine wichtige Rolle. Mit diesem Mechanismus werden den Arbeitern potenzielle Aufgaben zugewiesen und dadurch kann auch eine Selektion von Arbeitern

---

[121] Vgl. Dörrzapf et al., 2016, S. 205.
[122] Vgl. Buldeo Rai et al., 2017, S. 9.
[123] Vgl. ebd., S. 9.
[124] Vgl. De Groen, Willem Pieter / Ilaria Maselli: The Impact of the Collaborative Economy on the Labour Market, in: CEPS Special Report, Jg. 2016, Nr. 138, 2016, [online] https://www.ceps.eu/wp-content/uploads/2016/06/SR138CollaborativeEconomy_0.pdf, S. 9.

stattfinden. Die Bewertungen können entweder von den Plattformen kalibriert werden oder durch das Nutzer Feedback ermittelt werden. Durch diesen Vorgang können Anforderungen gegenüber den Zustellern gesetzt werden. So können Grenzwerte für die Mitarbeiter eine wichtige Rolle spielen. Falls ein Arbeiter es nicht schaffen sollte 75 % der Aufträge anzunehmen, für welche er für den gegeben Ort, Zeitraum und Typ des Auftrags verfügbar wäre, werden diesem Arbeiter keine Suchresultate für Aufträge mehr angezeigt. Demnach ist dieser auch nicht mehr fähig Aufträge annehmen zu können.[125]

Die Plattformen und Nutzer haben eine hohe Macht und können hier eigene Bedingungen setzen, was die Arbeitsbedingungen der Zusteller beeinflussen könnte. Dies tritt jedoch vermehrt auf, wenn sich die Plattformen auf eine große Crowd verlassen können.[126]

4.2 Lieferzeiten & Kosten

Die Bepreisung gehört zu den wichtigsten Charakteristiken der CL-Dienstleistungen.[127] Die CL ist meistens kosteneffizienter als die traditionellen Versanddienstleister. Als Beispiel ist hier zu nennen, dass bei CL-Lösungen bei einer Lieferung innerhalb von zwei Stunden ungefähr 50 % der Kosten eingespart werden können. Bei der Lieferung innerhalb einer Stunde steigt das Kostenersparnis auf 60 % an.[128] Diese Kostenersparnisse sind allerdings auf die Zustellwünsche innerhalb von zwei oder einer Stunde bezogen und spiegeln dabei nicht die Kosten einer normalen Sendung wider.

Die große Stärke der CL-Dienste liegt in der Flexibilität. Dabei können anpassungsfähige Dienstleistungen angeboten werden. Dies nennt man On-Demand Delivery. So sind die Lieferzeiten genau an die Wünsche des Kunden angepasst.[129]

Konventionelle Dienstleister sind derzeit noch preislich attraktiver, was die Bedrohung hierdurch klein erscheinen lässt, jedoch steigen die generellen Ansprüche an die Logistik. Innerhalb der Ballungsräume könnten die CL-

---

[125] Vgl. De Groen/Maselli, 2016, S. 10.
[126] Vgl. ebd., S. 11.
[127] Vgl. Le et al., 2019, S. 95.
[128] Vgl. Lozza, Riccardo: Crowdsourcing Logistics in e-commerce B2C: a model to evaluate costs in different scenarios, 2016, [online] https://www.politesi.polimi.it/bitstream/10589/132223/1/2016_12_Lozza.pdf, S. 6.
[129] Vgl. Le et al., 2019, S. 98.

Leistungen so deutlich vermehrt nachgefragt werden. Auch die noch geringe Bereitschaft bei CL-Diensten als Zusteller zu arbeiten und die vorwiegende Ausrichtung des Leistungsangebots an Privatpersonen, treibt vorerst die Kosten in die Höhe. Bei sperrigen Gütern stellen sich die Angebote der CL-Anbieter allerdings als eine preisgünstige Alternative heraus.[130] Hier können die kurzen Transportwege optimal genutzt werden. Der Versand über das Transportnetz der KEP-Dienste könnte sich als deutlich aufwändiger herausstellen.

Auch Amazon arbeitet seit einem längeren Zeitraum an einer Mitbring-Plattform mit dem Namen On My Way. Dieses Projekt ist für den US-Markt konzipiert und soll dabei Privatpersonen für ein kleines Entgelt zu Lieferanten machen. Dadurch kann der Onlineriese die Kosten und Lieferzeiten bei der Zustellung von Paketen reduzieren.[131]

4.3 Schaffung von Arbeitsplätzen

Durch die Etablierung von CL-Diensten können Arbeitsplätze geschaffen werden. Amazon wirbt bspw. in Deutschland mit Amazon-Flex, Studenten oder auch Teilzeitjobber an. Hierbei verspricht Amazon einen Stundenlohn von bis zu 25 €. Voraussetzung für die Teilnahme an Amazon-Flex ist, dass man als selbstständiger Unternehmer Pakete für Amazon ausliefert. Dabei werden die Aufträge über die von Amazon eigens entwickelte Mobile App abgewickelt. Die Kosten für anfallende Versicherungen, Benzin und Verschleiß müssen die Flex-Fahrer selbst tragen. Diese Arbeitsbedingungen finden hierbei allerdings wenig Anklang. Durch die Selbstständigkeit und den anfallenden Kosten, wird der tatsächliche Verdienst durch Amazon verschleiert. Der Berufswunsch des Zustellers ist außerdem bei zu wenigen Menschen in Deutschland vorhanden. Deshalb leiden neben Amazon auch die traditionellen KEP-Dienste wie DHL, Hermes oder DPD unter Fahrermangel. Zur Weihnachtszeit 2019 suchten die Dienste nach 20.000 zusätzlichen Hilfskräften.[132] Der Fahrermangel äußert sich auch bei der Internationale Straßentransport Union. Diese prognostiziert für das Jahr 2020 einen Mangel von

---

[130] Vgl. Göpfert/Seeßle, 2019, S. 270.

[131] Vgl. Gassmann, Michael: Amateur-Paketboten sollen Amazon beim Sparen helfen, in: Welt, 17.06.2015, [online] https://www.welt.de/wirtschaft/article142686306/Amateur-Paketboten-sollen-Amazon-beim-Sparen-helfen.html [03.06.2020].

[132] Vgl. Goebel, Jacqueline: Das macht Amazons Paketdienst so mächtig , in: WirtschaftsWoche, 02.12.2019, [online] https://www.wiwo.de/unternehmen/dienstleister/amazon-logistics-der-fahrermangel-wird-fuer-paketdienste-zum-kritischen-faktor/25290886-3.html [04.06.2020].

36 % und liegt damit 13 Prozentpunkte über dem Fahrermangel des Jahres 2019. Die Grundlage für diese Schätzung ist die Befragung von Iru-Mitgliedsverbänden in mehreren EU-Staaten eingeschlossen Deutschland.[133]

---

[133] Vgl. Hütten, Frank: Iru erwartet 2020 stark zunehmenden Fahrermangel , in: DVZ, 09.03.2020, [online] https://www.dvz.de/rubriken/land/detail/news/iru-erwartet-2020-stark-zunehmenden-fahrermangel.html [04.06.2020].

5. Diskussion

5.1 Optimierung der Logistikleistung durch Nutzung der Crowd-Logistik

Im Rahmen dieser Arbeit wurde die klassische Logistik vorwiegend in Form der KEP-Dienste, wie auch die CL behandelt. Dabei ist das Hauptziel der Arbeit, die Integration der CL in die heutigen Logistikprozesse auszuführen. Die Ergebnisse der Forschungsarbeit deuten an, dass die Logistikleistung durch die Nutzung der CL verbessert wird. Dies zeigen die Einsatzmöglichkeiten der CL in dem Prozess der letzten Meile. Die Nutzung freier Kapazitäten für Wege, welche ohnehin anfallen, können effektiv genutzt werden. Dadurch kann die Umwelt entlastet werden.[134] Auch die Möglichkeit des Transports der Waren mit den öffentlichen Verkehrsmitteln und dem Fahrrad bieten weitere Beiträge zugunsten der umweltfreundlichen Logistik.[135] Dadurch ergeben sich auch Einsatzmöglichkeiten innerhalb der City-Logistik. Anliegen der Bürger wie Umweltschutz und Lärm stehen hier neben der Entlastung der städtischen Infrastruktur und der Bündelung des Güterverkehrs im Mittelpunkt.[136] Auch bei dieser Thematik eignet sich die CL als Lösungsansatz. Die Infrastruktur kann demnach durch die bereits anfallenden Fahrten dadurch entlastet werden, dass Zustellfahrzeuge eingespart werden können. Hierdurch ergibt sich eine Reduktion der Lärm- und Umweltbelastungen, welche sich durch die geringere Verkehrsdichte verdeutlichen lässt.

Die Potenzialanalyse der CL für den deutschen KEP-Markt sieht die CL-Anbieter als potenzielle Kooperationspartner für die konventionellen Logistikdienstleister an. Gebiete, in denen eine hohe Bevölkerungsdichte vorherrscht, gelten dabei als besonders vielversprechend.[137] Das nötige Personal gilt in der Logistikbranche als schwer zu beschaffen und die Zustelldienste bekommen das benötigte Personal nicht. Die CL stellt damit eine Lösung für mehrere Probleme dar.[138]

Es lässt sich zusammenfassend darlegen, dass der Einsatz der CL die Probleme der Personalbeschaffung wie auch der Umweltproblematik teilweise beseitigen könnte. Dabei ist die CL vorwiegend als Kooperationspartner für die

---

[134] Vgl. Maar/Ternès, 2018, S. 24.
[135] Vgl. Dörrzapf et al., 2016, S. 204f.
[136] Vgl. PricewaterhouseCoopers, 2017, S. 20-22.
[137] Vgl. Universität zu Köln, 2017, S. 6.
[138] Vgl. Hartmann, 2017.

konventionellen Logistikdienstleister anzusehen, allerdings existieren auch eigenständige CL-Dienstleister, welche mittels IT-gestützter Infrastruktur alle Rahmenbedingungen bzgl. der Vermittlung der Zustellleistung klären könnten.

Dabei inbegriffen ist die Auswahl der Zusteller mit einem Bewertungssystem, die zu befördernde Güterart und das anfallende Entgelt für die Zustellung.[139]

Da sich aber die CL-Lösungen in einem sehr frühen Stadium befinden, stehen dem Trend mehreren Faktoren entgegen. Zum einen ist das deutsche Logistiknetzwerk fortschrittlich aufgebaut. Dadurch befindet sich die Logistikleistung bereits auf einem hohen Niveau, was Versendern ermöglicht, Sendungen innerhalb Deutschland kostengünstig und schnell transportieren zu lassen. Zum anderen sind die finanziellen Anreize in Deutschland aufgrund der etablierten B2C-Zustellungen zu gering. Auch Fragen bezüglich der Haftung und der Akzeptanz können nicht abschließend beantwortet werden. So zeigt sich auch die Nachhaltigkeitsstudie des BIEK skeptisch gegenüber der Integration der CL-Lösungen innerhalb der letzten Meile der KEP-Dienste und lehnt dies daher ab. Darüber hinaus wird dadurch das Unterlaufen von sozialen Standards ermöglicht, was zu schwerwiegenden Imageschäden führen könnte.[140] Das Geschäftsmodell der KEP-Dienste und der CL-Anbieter unterscheidet sich am Ende der Leistungserbringung kaum voneinander und bietet deswegen keinen handfesten Mehrwert für die Endkunden.

Auch wenn die Chancen der CL für die KEP-Branche verschwindet gering sind, gelten CL-Dienstleister als perfekte Ergänzung zum Angebot der KEP-Dienste.[141] Dies deckt sich mit den gestiegenen Anforderungen der Kunden, welche vermehrt Sonderleistungen wie Same Day Delivery wünschen. Ein Zusammenhang ist hier mit der steigenden Akzeptanz an Food Delivery herzustellen.[142]

Der Erfolg der CL-Lösungen ist von einer hohen Bereitschaft von Teilnehmern in Form von Angebot und Nachfrage abhängig. Um diese zu erreichen, ist allerdings neben einem hohen Bekanntheitsgrad, welcher derzeit noch sehr gering ist, auch ein akzeptables Verhältnis von Preis und Leistung signifikant. Im Faktor Preis ist demnach auch die Entlohnung der Crowdzusteller enthalten, welche laut dem BIEK zu gering ist, um einen Anreiz für potenzielle Zusteller zu bieten. Dieser Hinweis

---

[139] Vgl. Le et al., 2019, S. 101.
[140] Vgl. Bundesverband Paket und Expresslogistik, 2017, S. 84.
[141] Vgl. ebd., S. 85.
[142] Vgl. ebd., S. 85.

lässt sich nicht nur im KEP-Bereich anwenden, sondern auch für die speziellen CL-Dienstleister. Hieraus lässt sich die Fragestellung ableiten, wie hoch die Entlohnung effektiv sein müsste, um die Zustellung verschiedenster Sendungen mit variierenden Größen und Gewichten an fremde Menschen zu übernehmen. Für Normalzustellungen in Deutschland im B2C-Bereich durch die etablierten KEP-Dienste erübrigt sich allerdings diese Fragestellung, da die Kostenstruktur für die normalen Hauszustellungen bereits gut organisiert ist und dies für Privatkunden keinen Mehrwert bieten würde. Dies steht im Widerspruch zu dem rationalen Verhalten der Menschen, welche für einen höheren Preis die gleiche Leistung erhalten würden. Da sich diese Arbeit nicht weiter mit den Aspekten der Kostenstrukturen und Haftungen der CL-Lösungen auseinandersetzt können hierfür keine allgemeingültigen Aussagen getroffen werden.

Die anfangs gestellte These des Autors, die CL stelle eine kostengünstige Alternative zu konventionellen Zustelldiensten dar, kann zum Stande heutiger Forschung und Marktakzeptanz nicht belegt werden. Vorhandene Studien erlangen keinen Konsens. Auch wenn CL-Anbieter als Kooperationspartner innerhalb der Potenzialanalyse im KEP-Markt als vielversprechend gelten, steht dies im Widerspruch zur Nachhaltigkeitsstudie des BIEK.

Durch die Erkenntnisse dieser Arbeit, können weitere Anstöße der Forschung auf die Teilnahme- und Zahlungsbereitschaft für CL-Lösungen im Bereich der Same Day Delivery gegeben werden. Dieser Markt erlebt ein kontinuierliches Wachstum. CL-Anbieter können durch eine rasche Adaptionsfähigkeit und Flexibilität einen signifikanten Marktvorteil generieren.

5.2 Ausgangspunkt der Crowd-Logistik

Ein wichtiger Bestandteil zur Bewertung der Forschungsergebnisse ist die Festhaltung des aktuellen Standes der Forschung. Dadurch ergeben sich neue Möglichkeiten zur Weiterführung der Forschungen zum Gebiet der CL. Zudem ist eine bessere Bewertung der Sachlage möglich.

Im Grundlagenkapitel 2.2.3. wurde auf ein frühes CL-Projekt der DHL hingewiesen. Dies wurde bis 2013 unter dem Namen My Ways in Stockholm geführt. Das Grundkonzept hier galt jedoch als Mehrwert für die Empfänger, da dort im Gegensatz zu Deutschland, keine Hauszustellung durchgeführt wurden, sondern die Sendungen in den Zustellstationen zur Abholung bereitgelegt wurden. Durch das Projekt konnte ein Crowdzusteller diese Arbeit für eine Entlohnung übernehmen. Das Projekt wurde aus unerklärlichen Gründen nicht weitergeführt.[143]

Amazon sieht in der CL eine enorme Chance und bringt sich mit Amazon-Flex und On My Way auf den deutschen und amerikanischen Markt ein. Durch Amazon-Flex können Partnerschaften zwischen Amazon und den Zustellern erschaffen werden. Dies wird mittels der Amazon Flex App abgewickelt. Amazon verspricht im Gegensatz zu DHL einen zunächst außergewöhnlich hohen Stundenlohn von bis zu 25 €. Amazon-Flex wird vorerst ausschließlich in Großstädten angeboten.

Dabei knüpft Amazon-Flex direkt an den steigenden Kundenerwartungen an. Durch die CL-Lösung kann Amazon eine unkomplizierte Same Day Delivery erbringen.

Neben Amazon und den KEP-Diensten interessieren sich auch neue Start-ups für diesen Geschäftsbereich, allerdings existieren diese nur für eine kurze Zeit, da die meisten Ansätze vorerst noch zu heterogen sind.[144]

Der KEP-Markt hält sich derweil in Deutschland aus dem Gebiet der CL zurück. Vorrangehende Gründe wie das Unterlaufen der sozialen Standards oder die mangelnde Klärung der Vertrauens- und Haftungsfrage könnten ausschlaggebend sein. Auch wenn die Gründe für die Beendigung des Projekts My Ways unklar sind, können mögliche Einflüsse diesbezüglich genannt werden. Einerseits wird die gebotene Entlohnung für die potenziellen Zusteller zu gering sein, um einen Anreiz dafür zu schaffen. Andererseits sind Akzeptanz und Vertrauen in CL-Lösungen noch zu gering. Hierdurch lässt sich abschließend nicht die benötigte kritische Menge bilden, welche essenziell für die Betreibung von CL-Diensten ist. Ein weiterer Grund ist das bereits gut ausgebaute KEP-Netz. Dadurch ist das Angebotsportfolio der KEP-Dienstleister gut aufgestellt. Es ist also nicht nötig, das Angebot über die CL-Lösungen auszuweiten. Für die KEP-Dienste ergeben sich keinerlei Vorteile mit der direkten Integration der CL-Lösungen in die letzte Meile.[145] Aus diesen Argumenten geht hervor, weshalb die KEP-Dienste, stand heute, im Bereich der CL nicht viel zum Fortschritt beitragen bzw. selbst nicht darauf setzen. Der Trend wird vorerst noch von den KEP-Diensten systematisch analysiert.

---

[143] Vgl. Bundesverband Paket und Expresslogistik, 2017, S. 83.
[144] Vgl. Universität zu Köln, 2017, S. 2.
[145] Vgl. Bundesverband Paket und Expresslogistik, 2017, S. 6.

Amazon unterscheidet sich von den KEP-Dienstleistern und den CL-Anbietern in folgenden Punkten. Zum einen konzentriert sich Amazon mit Amazon-Flex ausschließlich auf Ballungszentren[146] und zum anderen verfügt das Unternehmen über eine Vielzahl von gut versorgten Versandzentren. Hierdurch kann das Unternehmen die schnellen Lieferzeiten ermöglichen. Die Waren sind in den meisten Fällen verfügbar. Dies resultiert daraus, dass die Waren bereits noch vor der Bestellung den Vor- und Hauptlauf innerhalb des Unternehmens durchlaufen haben. Nur der Nachlauf in Form der letzten Meile steht zwischen dem Unternehmen und dem Kunden. Die letzte Meile bei Amazon-Flex gestaltet sich durch die Beschränkung auf bevölkerungsreiche Städte möglichst kostengünstig. In Großstädten findet sich bei der letzten Meile ein hoher Stoppfaktor und kleine Stopp-Stopp-Strecken, was die Tourenbildung begünstigt. Amazon agiert auf diesem Markt demnach als First Mover.

Dadurch, dass dieses Thema noch relativ jung ist, kann man keine finale Aussagen dazu treffen, inwieweit das Konzept von Amazon erfolgreich ist oder nicht. Festzuhalten ist jedoch, dass Amazon als Handelsunternehmen bereits eine hohe Akzeptanz auf dem Markt besitzt. Durch das bereits bestehende Vertrauen der Kunden gegenüber dem Unternehmen, ergibt sich eine günstige Chance für Pionierstrategien. Dennoch hat das System trotzdem Schwächen. Durch das Fehlen einer Anstellung direkt bei Amazon, muss für die Teilnahme als Zusteller eine Gewerbeanmeldung erfolgen. Hieraus folgt, dass die Pakete auf eigene Kosten zugestellt werden müssen.[147] So werden die versprochenen 25 € Stundelohn, welche zunächst sehr hoch erscheinen, wenn man diese mit den Entgelten der DHL vergleicht, durch folgende Kostenpositionen verringert. Benzinkosten, welche für die Auslieferung anfallen, müssen vom Zusteller selbst gedeckt werden. Auch eine teurere Kfz-Versicherung, welche Voraussetzung für die Teilnahme an Amazon-Flex ist, trägt zu Mehrkosten bei. Neben der Kfz-Versicherung ist zudem eine gewerbliche Versicherung vorgeschrieben. Der erhaltene Lohn muss am Ende dann noch selbst versteuert werden, was Zeit und Geld kostet. Neben diesen Faktoren ist das Pensum für eine Drei-Stunden-Schicht zu hoch. Im Test des Amazon-Flex Dienstes werden 50 Pakete für diese Schicht vorgesehen. Dadurch kann die Drei-Stunden-Schicht nicht eingehalten werden, was die Arbeitszeit auf fast 5 Stunden verdoppelt.[148] Auch wenn diese Aussage nicht generalisiert werden kann, ist ein

---

[146] Vgl. Amazon, Amazon Flex, 2020, [online] https://flex.amazon.de/get-started [09.06.2020]
[147] Vgl. Brien, 2020.
[148] Vgl. ebd.

Trend erkennbar. Berücksichtigt man nun alle Kostenkomponenten unter Einbeziehung des Arbeitspensums, welches normalerweise für fast die doppelte Arbeitszeit gelten müsste, wird der Stundenlohn für viele potenzielle Teilnehmer zu gering sein. Zudem wird dies durch das intransparente Werbeversprechen in Bezug auf die Entlohnung seitens Amazon gekonnt verschleiert.

Dies lässt sich auch an der derzeitigen Lage gut festhalten, denn die Konkurrenz innerhalb der Zustellerschaft ist so groß, dass durch den Einsatz sog. Bots Aufträge gesichert werden. Durch die Nutzung von Skripte werden Aufträge aus dem Amazon Server gelesen und angenommen, noch bevor diese Aufträge jemand zu Gesicht bekommt.[149] Durch diese Lage lässt sich aussagen, dass eine große Diskrepanz zwischen Angebot und Nachfrage besteht. Durch eine Vermehrte Nutzung des Dienstes als Nachfrager in Form von Käufern, könnte das System von einer gleichmäßigeren Verteilung der Aufträge profitieren.

Die noch zu Beginn vorherrschende Erwartungshaltung des Autors für den heutigen Stand der CL-Lösungen kann hiermit nicht bestätigt werden. Es bestand die Annahme darin, dass bereits heute eine gewisse Etablierung stattgefunden hat, allerdings kann das nicht durch kleinere Nischenanbieter oder junge Start-ups bestätigt werden. Nur der Konzern Amazon versucht mit Amazon-Flex eine markttaugliche Lösung anzubieten. Es lässt sich auch sagen, dass Amazon als First Mover zunächst die Pioniergewinne einstreichen will. Für Amazon muss sich dies folglich als sehr rentabel herausstellen, wenn man die geforderte Leistung und den Lohn miteinander in Beziehung setzt. Inwieweit sich dies künftig entwickeln wird, kann zum heutigen Stand nicht abschließend geklärt werden. Auch die Nutzungshäufigkeiten auf Seiten der Käufer und der Zusteller können nicht eindeutig prognostiziert werden.

Damit lässt sich aussagen, dass der Bereich der CL noch in den Kinderschuhen steckt, wogegen crowdbasierte Systeme in anderen Branchen bereits fortschrittlicher sind. Hierbei ist vor allem vom Einsatz der Crowd in der Personenbeförderung oder in der Vermietung von privaten Unterkünften die Rede.

Durch die Erkenntnisse können weitere Forschungen in dem Bereich der Akzeptanz für CL-Lösungen angestoßen werden. Denn durch begünstigde Faktoren kann die Nutzungshäufigkeit künftig signifikant erhöht werden. Zudem gilt es sowohl Erfolgs- als auch Risikofaktoren schnell zu erkennen und zu

---

[149] Vgl. ebd.

behandeln. Auch sollten Trends in Bezug auf crowdbasierte Zustellungen frühzeitig erkannt werden, um den Markteinstieg für weitere Anbieter und Teilnehmer zu ermöglichen.

5.3 Bedeutung der Forschung für die Praxis

Die Ergebnisse der Forschung haben folgendes gezeigt. Die Logistik soll im Allgemeinen umweltfreundlicher werden. Die letzte Meile, also der Zustellprozess, stellt sich als am aufwändigsten und kostenintensivsten heraus. Die CL-Lösungen können hierfür eingesetzt werden, um den Prozess der letzten Meile effizienter zu gestalten. Dies obliegt jedoch nicht den KEP-Diensten, da deren Netze und Angebote bereits gut optimiert sind und die Integration der CL damit keinerlei Vorteile bringt.[150] Das Angebot für CL-Lösungen wird von Handelsunternehmen oder Start-ups in den Markt integriert. Dadurch könnte das Problem der Personalbeschaffung im Bereich der Zusteller begrenzt werden und für weitere Arbeitsplätze sorgen.

Auf diesem Markt ist derweil noch keine kritische Menge festzustellen. Das bedeutet, dass ein Ungleichgewicht zwischen Anbieter und Nachfragern herrscht. Im Fall von Amazon ist die Teilnahmequote bei den Zustellern höher als bei den Kunden, welche beliefert werden sollen. Dies lässt sich auch an der Nutzung von Bots beobachten, welche von einzelnen Zustellern dazu genutzt werden, auf illegale Art und Weise, die Lieferaufträge noch vor den meisten anderen Zustellern anzunehmen.[151] Für das ungleiche Nutzungsverhältnis gibt es mehrere Gründe. Das Nutzungsverhalten der Konsumenten hält bisher an dem normalen Bestellverhalten fest. Änderungen hierbei werden daher nur langfristig erkennbar sein. Zudem gibt es abgesehen von Nischenanbietern nur Amazon als CL-Partner. Dabei begrenzt sich Amazon bisher nur auf Ballungsräume.

In der Online-Umfrage aus Kapitel 3.4 wurde festgehalten, dass bereits eine Akzeptanz für CL-Lösungen vorhanden ist.[152] Auch wenn die Teilnahmebereitschaft vorhanden ist, wird die Teilnahme durch das noch relative junge Entwicklungsstadium der CL erschwert. Die Nischenanbieter erfahren durch das ungewohnte System in Form eines Online-Marktplatzes für Transportvermittlung und durch die relativ geringe Wahrscheinlichkeit eine Sendung global durch eine

---

[150] Vgl. Bundesverband Paket und Expresslogistik, 2017, S. 6.
[151] Vgl. Brien, 2020.
[152] Vgl. Dörrzapf et al., 2016, S. 201.

Privatperson transportieren zu lassen eine eher bescheidene Nachfrage. Auch die Beschränkung seitens Amazon auf Großstädte grenzt damit Interessensgruppen aus. Nichtsdestotrotz ist diese Restriktion wirtschaftlich nachvollziehbar, denn so ist die Umsetzung vorerst leichter und kostengünstiger zu realisieren.

Bei der Integration gilt es zu beachten, dass der Versandprozess für den Kunden wichtige Kriterien erfüllen muss. In Kapitel 2.1.1 wurde die Wichtigkeit des Versandprozesses geschildert. Neben dem Produkt müssen die Zusatzleistungen ebenso makellos sein. Auch ist die Auswahloption für verschiedene Versanddienstleister ein wichtiges Kriterium. Aus diesem Grund ist es wichtig, die Möglichkeit für CL-Lösungen dem Kunden direkt im Kaufprozess anzubieten. Dies spielt für Handelsunternehmen eine große Rolle, denn durch komplizierte Prozesse oder dem Kunden unzureichenden Standards im Kaufprozess, kann es zum Abbruch des Kaufprozesses führen. Für die potenziellen Zusteller ist es wichtig, eine unkomplizierte Infrastruktur zu schaffen. Amazon nutzt hierbei die Amazon-Flex App für das Smartphone, um die Zustellprozesse für die Zusteller zu organisieren.

Die spezialisierten Start-ups hingegen sollten eine gut konzipierte und leicht zu verstehende Infrastruktur wie in Kapitel 3.2 etablieren. Dabei ist dieses System für den Versender und den jeweiligen Zusteller relevant. Durch die Funktion als Vermittler, entfällt ein Produktverkauf, wie z.B. bei Amazon. Dadurch muss der Versender bzw. der Empfänger selbst einen Zustellauftrag erstellen.

Amazon begegnet mit Amazon-Flex dem steigenden Stadtverkehr. CL-Lösungen könnten neben weiteren Konzepten einen positiven Beitrag zur City-Logistik leisten. Neben dem wirtschaftlichen Aspekt zur Durchführung von CL innerhalb von Großstadtgebieten, könnten auch ökologische Ziele erfüllt werden.

Weitere Forschungsfragen können sich auf das Konkurrenzverhalten verschiedener CL-Anbieter beziehen. Klar ist, dass eine Vielzahl von Marktteilnehmer im Bereich der CL zu einer Verlangsamung des Trends führen könnte. Dies beruht auf das Erreichen der kritischen Masse, welche durch die Aufteilung auf mehrere CL-Dienstleister künstlich erschwert wird. Dadurch können potenzielle Zustellaufträge verpasst werden. Davon ausgeschlossen sind jedoch die CL-Dienste seitens von Handelsunternehmen, da diese direkt mit dem Kaufprozess von Waren im Zusammenhang stehen und damit die Versandmethoden als Verkaufsargument angeführt werden können.

Jedoch könnten auch Kooperationen zwischen kleineren Handelsunternehmen und den spezialisierten CL-Dienstleistern möglich sein. Dabei integriert das Handelsunternehmen die Versandoption in den Kaufprozess. Wenn der Kunde diesen Service nutzen möchte, tritt der Verkäufer als Versender bei dem CL-Dienstleister auf, allerdings könnte hierdurch ein Mehraufwand durch unnötige Transportwege entstehen. Aus diesem Grund ist eine gute Umsetzung des Dienstes notwendig, um den Mehraufwand so niedrig wie möglich halten zu können.

In Zukunft könnte sich das Prinzip der CL als natürliches Monopol herauskristallisieren. Durch die Nutzung einer oder sehr wenigen CL-Dienstleistern, ist das Erreichen der kritischen Menge erheblich leichter. Auch kann dadurch der einzelne Versender oder Zusteller in dem CL-Netzwerk davon profitieren, dass eine transparente und wirtschaftlich gut organisierte Zuteilung von Zustellungsaufträgen erfolgen könnte. Welche Kriterien hierbei am wichtigsten sind, um das spezialisierte CL-Unternehmen als natürliches Monopol agieren zu lassen, kann derzeit noch nicht abschließend geklärt werden. Dies schließt an der Weiterführung der Forschungsfrage im Konkurrenzverhalten der CL-Anbieter an. Ebenfalls gilt es weitere Interessensgruppen wie den Staat, die Privatpersonen aber auch die KEP-Dienste, welche die CL-Lösung beobachten, zu beachten. Inwieweit sich die Akzeptanz künftig für diese Art der Zustelllösung verändern wird, kann ebenfalls nicht zum jetzigen Zeitpunkt beantwortet werden.

6. Fazit und Ausblick

Ziel dieser Arbeit war es, die Frage der Integrationsmöglichkeiten von CL-Ansätzen in der heutigen Logistik zu beantworten. Darüber hinaus war ein Teilbereich, den aktuellen Stand der CL festzuhalten.

Die Ergebnisse der Arbeit haben gezeigt, dass der Nutzen der CL für die Probleme, welche die heutige Logistik mit sich bringt, vorhanden ist. Die letzte Meile gilt als ein Bestandteil dieser Problematik. Die Arbeit hat gezeigt, dass im letzten Prozess, also der Zustellung, die größte Kostenposition während einer Sendungszustellung entsteht. Durch das stetig wachsende Onlinegeschäft entwickeln sich auch die Bedürfnisse und Wünsche der Kunden weiter. Die Logistikleistung der Zustellung hat bei den Kunden einen hohen Stellenwert. Lieferungen auf Wunsch, am selben Tag oder innerhalb weniger Stunden werden immer mehr zur Gewohnheit. Dadurch ergeben sich zusätzliche ökologische Probleme. Die Innenstädte verstopfen aufgrund des gestiegenen Sendungsvolumens. Es werden zusätzliche Fahrzeuge benötigt, um die enormen Mengen an Sendungen stemmen zu können. Die Fahrzeuge benötigen wiederrum Fahrpersonal, welches äußerst schwer in dieser Branche zu beschaffen ist.

Die KEP-Dienste haben sich größtenteils auf die Normalsendungen spezialisiert. Das Zustellnetz ist auf große Sendungszahlen ausgelegt. Im Vor- und Hauptlauf werden Sendungen zunächst gesammelt und anschließend gebündelt verteilt. Hierdurch ergibt sich eine gut kalkulierte Kostenstruktur, welche preiswertes Versenden ermöglicht. Durch die bereits fest integrierten Prozesse bringt die Nutzung von CL-Lösungen auf der letzten Meile durch die KEP-Dienste keinen Mehrwert. Zudem gibt es Bedenken, bei denen das Unterlaufen von sozialen Standards vermutet werden könnte. Auch können die KEP-Dienste für die CL wenig Anreize bieten, denn das Entgelt, welches den potenziellen Zustellern geboten wird, ist sehr gering. So konnte auch in dem CL-Projekt der DHL in Stockholm festgestellt werden, dass dieses Prinzip noch nicht richtig funktioniert. Zudem gibt es dadurch auch keinen Mehrwert für den Empfänger verglichen zur konventionellen Hauszustellung.

Die CL-Lösungen haben wie die KEP-Dienste mit der Optimierung der letzten Meile zu kämpfen. Die KEP-Dienste versuchen durch eine bestmögliche Tourenplanung den Aufwand so gering wie möglich zu halten. Die CL-Lösungen dagegen versuchen einen Teil der Zustellfahrten von KEP-Dienstleistern zu beseitigen. Die CL kann durch eine optimale Nutzung die derzeitigen Probleme wie Lärmbelästigung, Stau und Abgase durch die Reduktion von Zustellfahrzeuge von KEP-Dienstleister reduzieren.

Dies geschieht in der Theorie wie folgt: Bereits anfallende Fahrten von Privatpersonen können bei freistehenden Kapazitäten dafür genutzt werden, Sendungen an Menschen zuzustellen. Dies geschieht auf einer Art digitalen Marktplatz, auf welcher potenzielle Zusteller und Versender vertreten sind. Dabei übernimmt der Betreiber der Plattform Vermittlungsaufgaben. So übernimmt Amazon in deren eigenen CL-Dienst Amazon-Flex diese Rolle. Aufträge sind Online über eine Smartphone App verfügbar und von den teilnehmenden Zustellern annehmbar. Durch die lokale Nähe zum Empfänger könnte der Vor- und Hauptlauf noch vor der Bestellung und Zustellung abgewickelt worden sein, was für das Unternehmen einen zeitlichen und finanziellen Vorteil bedeuten könnte.

CL lässt sich wie auch andere Crowd Dienste der Sharing Economy zuordnen, welche sich selbst durch die Digitalisierung gebildet und verstärkt haben. Der Trend hat Vor- und Nachteile. Zum einen erweist sich CL in der Theorie als eine umweltfreundliche Zustellmethode. Durch die Wege, welche ohnehin anfallen würden, werden Abgase verhindert. Aber die Zustellung kann auch durch die öffentlichen Verkehrsmittel oder dem Fahrrad erfolgen, was die grüne Logistik zusätzlich begünstigt. Auch der Trend der wachsenden Kundenansprüche in Bezug auf Lieferzeiten könnten mit CL begegnet werden. Dies ließ sich hervorragend im Bereich der Food Delivery erkennen. Dort ist bereits eine hohe Akzeptanz wahrnehmbar, welche auch mit der Akzeptanz für Same Day Delivery in Bezug steht. Dies lässt sich in Ballungsräumen am besten umsetzen. Hierbei können die CL-Lösungen ihre Potentiale zeigen, da die Logistikleistung innerhalb von Ballungsräumen sehr hoch ist und zu einem guten Preis offeriert werden kann. Auch positiv ist, dass durch die Etablierung von CL-Lösungen und Diensten neue Beschäftigungsfelder entstehen. Dies könnte sich durch die schwere Personalbeschaffung in der Logistik- und Zustellbranche als besonders nützlich erweisen.

Außerdem steht der Trend noch relativ am Anfang. Dadurch sind bisher nur wenige Anbieter auf dem Markt vertreten, welche jedoch alle gegeneinander konkurrieren. Amazon stellt sich mit Amazon-Flex als unabhängig heraus, da hier die Lieferung von selbst verkauften Artikeln angeboten wird. Die Beschäftigung als Zusteller in einem CL-System ist vorwiegend auf selbstständiger Basis. Das bedeutet, dass eine Gewerbeanmeldung in den meisten Fällen notwendig ist. Hierbei werden die Einnahmen durch folgende Kostenpositionen geschmälert. Versicherungen,

Benzin, Abnutzung des eigenen Transportmittels und anfallende Steuern. Der finanzielle Anreiz wird dadurch verdeckt geschmälert. Durch die Sensibilisierung potenzieller Zusteller in Bezug auf die Entlohnung, könnte auch hier die Personalbeschaffung erschwert werden. Ein weiterer Nachteil besteht darin, dass die Akzeptanz für solche Lösungen zwar teilweise gegeben ist aber jedoch die Möglichkeit der Teilnahme an einem CL-System zum jetzigen Zeitpunkt schwer realisierbar ist. Auch ist ungewiss, wie sich die Akzeptanz und das Vertrauen für diese Dienste in der Zukunft entwickeln wird.

Problematisch könnte auch die Erreichung der kritischen Menge sein. Diese wird von der Anzahl an CL-Dienstleister auf dem Markt, der Nachfrager und der Zusteller in diesem System beeinflusst. Je mehr Anbieter auf dem Markt vertreten sind, desto schwieriger wird es die kritische Menge zu erreichen. Auch die Akzeptanz und das Vertrauen in das System fließen als Beeinflussungsfaktoren mit ein.

Die Beantwortung der Forschungsfrage, die auf die Möglichkeiten der Integration von CL-Ansätzen in der heutigen Logistik abzielt, lautet wie folgt: Unter Berücksichtigung des derzeitigen Standes sieht der Autor die Integration der CL aus bereits bekannten Gründen nicht bei den KEP-Diensten. Die Integrationsmöglichkeiten sind bei spezialisierten Logistikunternehmen und Start-ups gegeben. Auch Handelsunternehmen haben das Potenzial eine Integration von CL-Lösungen anzubieten. Dabei besteht auch die Möglichkeit von Kooperationen zwischen Handelsunternehmen und CL-Anbietern. Kurzfristig werden die CL-Anbieter keiner hohen Nachfrage entgegenstehen und vorerst kleinere Nischen bedienen. Mittel- und langfristig werden die CL-Lösungen eine höhere Bedeutung bekommen. Dies könnte mit den steigenden Anforderungen gegenüber Logistikleistungen in Verbindung stehen. Aber auch die zunehmende Digitalisierung beschleunigt diesen Trend. Durch mobile Applikationen können Aufträge in Echtzeit bearbeitet werden, was zu einer allgemeinen Beschleunigung der Prozesse führen kann. Vorerst werden die CL-Dienste vorwiegend in großen Ballungsräumen eingesetzt. Hier sind auch für die Unternehmen die geringsten Kostenstrukturen realisierbar. Durch Kooperationen könnte sogar der lokale Marktplatz davon profitieren.

Eine allgemeine Konkurrenz zwischen CL-Anbietern und KEP-Diensten kann nicht ganz bestätigt werden. Hierbei unterscheidet sich die Art der Leistungserbringung zu sehr. Die KEP-Dienste setzen auf die Normalsendungen, welche von den CL-Anbietern nicht abgelöst werden können. Das bereits bestehende Netz sorgt für hohe Umschlagszahlen, welche wiederrum eine niedrigere Kostenstruktur ermöglichen. Für dieselbe Leistung müsste man bei CL-Anbietern erheblich höhere Summen bezahlen. Andererseits können die KEP-Dienstleister keine Lieferung innerhalb von Stunden anbieten. Somit ergänzen sich die beiden und erweitern damit das Angebot innerhalb der Zustelllogistik.

Auch der Trend der umweltfreundlichen Zustellungen wird die CL innerhalb der City-Logistik antreiben. Faktoren wie Lärm, Abgase und verstopfte Straßen nehmen kontinuierlich zu. Die Klimaziele sind dementsprechend von der Logistikbranche abhängig.

In der Zukunft könnte sich folgendes Szenario ergeben. Viele CL-Anbieter könnten an der Umsetzung gescheitert sein oder an der Konkurrenz zu Grunde gegangen sein. Durch die Etablierung weniger CL-Anbieter könnte die kritische Menge nachhaltig erreicht werden. Dabei könnte es auch zu der Bildung eines natürlichen Monopols kommen. Dadurch könnte eine einheitliche Datenbasis gebildet werden, welche eine optimale Vermittlung von Zustellaufträgen gewährleisten könnte. Die Akzeptanz und das Vertrauen in CL-Dienste könnten grundlegend gegeben sein, um die CL-Lösungen erfolgreich betreiben zu können. Die Bekanntheit wird höchstwahrscheinlich ansteigen und damit auch die Teilnahmequoten auf der Seite der Zusteller und der Versender. Die Verdienstmöglichkeiten könnten attraktiver werden, um nicht dasselbe Problem wie die KEP-Dienste im Bereich der Personalbeschaffung zu bekommen. Eine Herausforderung könnte in diesem Zusammenhang die Konzeption der IT-gestützten Infrastruktur sein. Die Bedienbarkeit könnte dabei an vorderer Stelle stehen. Auch die Methode der Vermittlung von Zustellaufträgen sollte kritisch hinterfragt werden.

Das Umweltbewusstsein könnte sich auch verändern. Dabei könnten die Nutzungsraten der öffentlichen Verkehrsmittel und des Fahrrades durch die Vermittlung von Zustellaufträgen innerhalb der City-Logistik erhöht werden. Hieraus geht hervor, dass die Geschäftsmodelltypen der On-Demand-Kuriere und der Gelegenheitskuriere vorerst die größten Chancen auf dem Markt aufweisen, da sich die urbanen Gegenden bei diesen Typen am besten dafür eignen.

Abschließend lässt sich festhalten, dass innerhalb dieser Arbeit die Forschungsfrage der Integrationsmöglichkeiten von CL-Ansätzen in der heutigen Logistik beantwortet werden konnte. Auch der aktuelle Stand des Trends konnte festgehalten werden. Trotzdem werden weitere Forschungen zu diesem Gebiet essenziell sein, da es noch viele Unklarheiten in dem Themengebiet der CL gibt.

Zuletzt bleibt offen zu sagen, die Entwicklung auf dem Markt zu beobachten, um weitere Rückschlüsse für das Thema treffen zu können. Da auch die Möglichkeit der Ablehnung der CL-Lösungen durch die Kunden besteht, könnten weitere empirische Forschungen hierzu finale Informationen liefern.

Literaturverzeichnis

Amazon, Amazon Flex, 2020, [online] https://flex.amazon.de/get-started [09.06.2020]

Asdecker, Björn / Eric Sucky: Digitale Transformation der Logistik – Wie verändern neue Geschäftsmodelle die Branche?, in: Alexander Leischnig / Björn Ivens / Alexander Fliaster / Brigitte Eierle / Wolfgang Becker / Alexander Pflaum / Eric Sucky (Hrsg.), Geschäftsmodelle in der digitalen Welt: Strategien, Prozesse und Praxiserfahrungen, Wiesbaden, Deutschland: Springer Gabler, 2019, S. 191–212.

Borgfeld, Wolfgang: Logistik: Verliert die letzte Meile ihren Schrecken?, in: etailment.de, 20.11.2019, [online] https://etailment.de/news/stories/logistik-drohnen-roboter-22685 [01.03.2020].

Bundesverband Paket und Expresslogistik: Nachhaltigkeitsstudie, 2017, [online] https:/biek.de/download.html?getfile=509.

Bundesverband Paket und Expresslogistik: KEP-Studie, 2018, [online] https://www.biek.de/download.html?getfile=1928.

Bundesverband Paket und Expresslogistik: KEP-Studie, 2019, [online] https://www.biek.de/download.html?getfile=2335.

Brabänder, Christian: Die Letzte Meile: Definition, Prozess, Kostenrechnung und Gestaltungsfelder, Wiesbaden, Deutschland: Springer Gabler, 2020.

Brien, Jörn: Wie Amazon-Flex-Mitarbeiter mit Bots um Aufträge kämpfen, in: t3n Magazin, 13.02.2020, [online] https://t3n.de/news/amazon-flex-mitarbeiter-bots-um-1251075/ [21.05.2020].

Buldeo Rai, Heleen / Sara Verlinde / Jan Merckx / Cathy Macharis: Crowd logistics: an opportunity for more sustainable urban freight transport?, in: European Transport Research Review, Jg. 9, Nr. 39, 2017, doi: 10.1007/s12544-017-0256-6, S. 1–13.

Cardeneo, Andreas: Kurier-, Express- und Paketdienste, in: Kai Furmans / Horst Tempelmeier / Axel Kuhn / Heinz Isermann / Dieter Arnold (Hrsg.), Handbuch Logistik, 3., Berlin Heidelberg, Deutschland: Springer-Verlag, 2008, S. 782–788.

De Groen, Willem Pieter / Ilaria Maselli: The Impact of the Collaborative Economy on the Labour Market, in: CEPS Special Report, Jg. 2016, Nr. 138, 2016, [online] https://www.ceps.eu/wp-content/uploads/2016/06/SR138CollaborativeEconomy_0.pdf, S. 1–32.

Dörrzapf, Linda / Martin Berger / Gert Breitfuss / Elias Remele: Crowd Delivery als neues Lieferkonzept zur Stärkung des „Lokalen Marktplatzes", in: REAL CORP, Jg. 2016, 2016, [online] https://pdfs.semanticscholar.org/be95/89eaffceabd5c277fd9e741a4f0a7c5e25e7.pdf?_ga=2.151200507.390333141.1591366241-1327024764.1586781902, S. 197–206.

Erd, Julian: Stand und Entwicklung von Konzepten zur City-Logistik, Wiesbaden, Deutschland: Springer Gabler, 2015.

Fraunhofer SCS / Bundesvereinigung Logistik: Umsatz der Logistikbranche in Deutschland von 1995 bis 2019, 2019, zitiert nach de.statista.com, 2019, [online], https://de.statista.com/statistik/daten/studie/166970/umfrage/umsatz-der-logistikbranche-in-deutschland/ [20.03.2020]

Gassmann, Michael: Amateur-Paketboten sollen Amazon beim Sparen helfen, in: Welt, 17.06.2015, [online] https://www.welt.de/wirtschaft/article142686306/Amateur-Paketboten-sollen-Amazon-beim-Sparen-helfen.html [03.06.2020].

Goebel, Jacqueline: Das macht Amazons Paketdienst so mächtig , in: WirtschaftsWoche, 02.12.2019, [online] https://www.wiwo.de/unternehmen/dienstleister/amazon-logistics-der-fahrermangel-wird-fuer-paketdienste-zum-kritischen-faktor/25290886-3.html [04.06.2020].

Göpfert, Ingrid / Patrick Seeßle: Innovative Startups in der Logistikbranche - Eine Betrachtung der neuen Marktteilnehmer und empirische Erkenntnisse einer Fragebogenstudie, in: Ingrid Göpfert (Hrsg.), Logistik der Zukunft - Logistics for the Future, 8. Aufl., Wiesbaden, Deutschland: Springer Gabler, 2019, S. 253–279.

Greveler, Ulrich / Dirk Bruckmann: Datenschutzfreundliches Crowdsourcing multimodaler Mobilitäts-, Informations- und Versorgungsdienste in der Smart City, in: Heike Proff (Hrsg.), Neue Dimensionen der Mobilität: Technische und betriebswirtschaftliche Aspekte, Wiesbaden, Deutschland: Springer Gabler, 2020, S. 299–308

Hartmann, Evi: Die Biene bringt's, in: blogs.fau.de, 16.10.2017, [online] https://blogs.fau.de/weltbewegend/2017/10/16/die-biene-bringts/ [22.05.2020].

Hütten, Frank: Iru erwartet 2020 stark zunehmenden Fahrermangel , in: DVZ, 09.03.2020, [online] https://www.dvz.de/rubriken/land/detail/news/iru-erwartet-2020-stark-zunehmenden-fahrermangel.html [04.06.2020].

Kaup, Steffen / Ahmet Vural Demircioglu: Von der Crowd-Logistik hin zu einem ganzheitlichen Ansatz hocheffizienten Warentransports, in: Wirtschaftsinformatik & Management, Jg. 9, Nr. 3, 2017, doi: 10.1007/s35764-017-0052-z, S. 18–27.

Krulis-Randa, Jan S.: Marketing-Logistik, Bern, Schweiz: Haupt, 1977.

Lambrecht, Matthias: Trend: Crowd Delivery: Chancen und Risiken des Sharing Economy-Modells, in: Hermes Newsroom, 22.03.2018, [online] https://newsroom.hermesworld.com/trend-crowd-delivery-chancen-und-risiken-des-sharing-economy-modells-14993/ [20.05.2020].

Le, Tho V. / Amanda Stathopoulos / Tom Van Woensel / Satish V. Ukkusuri: Supply, demand, operations, and management of crowd-shipping services: A review and empirical evidence, in: Transportation Research Part C: Emerging Technologies, Jg. 2019, Nr. 103, 2019, doi: 10.1016/j.trc.2019.03.023, S. 83–103.

Lozza, Riccardo: Crowdsourcing Logistics in e-commerce B2C: a model to evaluate costs in different scenarios, 2016, [online] https://www.politesi.polimi.it/bitstream/10589/132223/1/2016_12_Lozza.pdf.

Maar, Julian / Anabel Ternès: Private - die Paketenboten von morgen?, in: Verkehrsrundschau Spezial Who is Who Logistik 2018, Jg. 2018, Nr. Sonderheft, 2018, [online] https://www.verkehrsrundschau.de/fm/3576/WIW_2018.pdf, S. 24–25.

Mattfeld, Dirk / Richard Vahrenkamp: Logistiknetzwerke: Modelle für Standortwahl und Tourenplanung, 2. Aufl., Wiesbaden, Deutschland: Springer Gabler, 2013.

Metzler, Ute: Anwendungsbereiche der Transportplanung, in: Uwe Clausen / Christiane Geiger (Hrsg.), Verkehrs- und Transportlogistik, 2. Aufl., Berlin, Deutschland: Springer Vieweg, 2013, S. 277–290.

Pieringer, Matthias: Crowdsourcing: DHL startet neue Form der Paketzustellung, in: LOGISTIK HEUTE, 03.09.2013, [online] https://logistik-heute.de/news/crowdsourcing-dhl-startet-neue-form-der-paketzustellung-10486.html [27.05.2020].

PricewaterhouseCoopers: Aufbruch auf der letzten Meile, 2017, [online] https://www.pwc.de/de/transport-und-logistik/pwc-studie-aufbruch-auf-der-letzten-meile.pdf.

Rahn, Klaus-Peter: Crowd Logistics, in: Intralogistik-radar.de, 08.2018, [online] https://www.intralogistik-radar.de/themen/crowd-logistics/ [01.03.2020].

Rahn, Klaus-Peter: Crowd Logistics, 2018, [online] https://www.intralogistik-radar.de/wp-content/uploads/2019/01/IN-Rahn_Crowd-Logistics.pdf.

Rumscheidt, Sabine: Die letzte Meile als Herausforderung für den Handel, in: ifo Schnelldienst, Jg. 72, Nr. 1, 2019, [online] https://www.ifo.de/DocDL/sd-2019-01-2019-01-10.pdf, S. 46–49.

Schulte, Christof: Logistik: Wege zur Optimierung der Supply Chain, 6. Aufl., München, Deutschland: Vahlen, 2013.

Simmet, Heike: Sharing – Megatrend auch in der Logistik, in: DVZ, 08.07.2015, [online] https://www.dvz.de/rubriken/management-recht/speditionsmanagement/detail/news/sharing-megatrend-auch-in-der-logistik.html [03.06.2020].

von Stokar, Thomas / Martin Peter / Remo Zandonella / Vanessa Angst / Kurt Pärli / Gabi Hildesheimer / Johannes Scherrer / Wilhelm Schmid: Sharing Economy - teilen statt besitzen, Zürich, Schweiz: vdf Hochschulverlag AG, 2018.

Thibaut, Matthias: Londons City-Maut, in: handelsblatt, 04.10.2012, [online] https://www.handelsblatt.com/politik/international/londons-city-maut-gut-fuer-die-stadtkasse-schlecht-fuer-die-umwelt/7215550-all.html?ticket=ST-1054385-grfgTiHAjkmS9TsK57fM-ap3 [29.05.2020].

Universität zu Köln: Crowd-Logistik – Eine Potenzialanalyse für den deutschen KEP-Markt, 2017, [online] https://logistik-heute.de/sites/default/files/public/data-fachartikel/crowd_logistik_logistik_heute_summary_final_v2_pdf_11563.pdf.

Völkert, Alexander: Die letzte Meile in der Logistik: Definition, Transport & Zukunft!, in: MM Logistik, 16.01.2019, [online] https://www.mm-logistik.vogel.de/die-letzte-meile-in-der-logistik-definition-transport-zukunft-a-592894/ [05.05.2020].

Werner, Karsten: Same-Day-Delivery: Echter Mehrwertdienst oder bloß Marketing-Trick?, in: t3n Magazin, 20.08.2012, [online] https://t3n.de/news/same-day-delivery-echter-409462/ [04.03.2020].

Wöbcke, Mirco: Paketdienste und die Paketzustellung auf der letzten Meile , in: Hammertoff.de, 16.01.2020, [online] https://www.hammertoff.de/paketdienste-und-die-paketzustellung-auf-der-letzten-meile/ [05.05.2020].